W0461214

War das lecker!

Unsere Lieblingsgerichte von früher

dixan
Persil
Perwoll
Perwoll
Pfanni
Nüsse
Mehl
Zwieback
Bonbon

Inhalt

Eine kulinarische Zeitreise

durch die 1950er, 1960er & 1970er Jahre

Zwischen fetten Jahren und Kalorienbewusstsein oder Von der Hausmannskost zur internationalen Küche

Es gibt Geschmacksnoten, die man nicht vergisst. Die Erinnerung regt sich, und plötzlich wird die Ahnung zur Gewissheit: Es ist ein Geschmack aus der Kindheit, eine Mahlzeit, die früher häufig oder nur zu besonderen Anlässen aufgetischt wurde. Vor dem geistigen Auge ist da wieder der alte Esstisch, die Küche – die Mutter, wie sie in der Schürze am Herd steht. Lassen Sie sich ein auf eine Zeitreise durch die 1950er, 1960er und 1970er Jahre, auf einen nicht nur kulinarischen Streifzug durch Kinder- und Jugendtage, als wir schwärmten: War das lecker!

Die junge Republik bestand erst wenige Jahre, Deutschland befand sich im Wiederaufbau. Die Kinder spielten auf der Straße, und in nicht wenigen Hauhalten wurde noch einmal pro Woche der große Zuber im Waschkeller angeheizt, um die Kochwäsche durchzuwalken. Auch die Küchenarbeit wurde – vom Gemüseputzen bis zum Kuchenteigkneten – von Hand verrichtet. Willkommen, aber noch teuer, waren elektrisch betriebene Helfer wie Küchenmaschinen, die, mit Wechselaufsätzen versehen, Zeit sparten. Häufiger als auf einen Kühlschrank traf man auf eine Speisekammer oder einen gut gekühlten Vorratskeller.
Noch immer wirkten sich die mageren Jahre der Nachkriegszeit auf den Speiseplan aus. Lebensmittel gab es nicht im Überfluss, gekocht wurde mit den einfachen Mitteln, die verfügbar waren. Ein Blick auf den Teller reichte um zu wissen, welche Jahreszeit gerade war. Saisongemüse und im Jahr zuvor eingeweckte Gartenfrüchte dienten als Grundstock für komplette Mahlzeiten, aus eingewecktem Gemüse konnte auch im Winter eine herzhafte Suppe zubereitet werden. Im Keller lagerten Kartoffeln und Äpfel, manchmal auch Fässer mit Sauerkraut und Rotkohl. Nicht selten wurden Kaninchen zu unseren zeitweiligen Hausgenossen, bevor sie ihrer Bestimmung als Festtagsbraten entgegensahen. Im Sommer gingen wir gemeinsam in den Wald, um Beeren zu pflücken – die dann zu leckerem Saft eingekocht wurden.

Fleisch kam in den meisten Haushalten nur Sonntags auf den Teller, angerichtet nach alten Familienrezepten oder regionalen Vorlieben. Den Sonntagvormittag verbrachte die Hausfrau und Mutter mit der Vorbereitung von Bouillon, Braten und Nachtisch, während sich der Herr des Hauses von seiner anstrengenden Arbeitswoche erholte – die Rollen waren klar verteilt. Für die ganze Familie galt, beim gemeinsamen Mahl die feine Sonntagskleidung zu tragen – der Junior im gestärkten Hemd, die Mädchen im Kleid oder Faltenrock. Auch die Mutter legte Kittel oder Schürze ab, wenn gegessen wurde. Hatte sich die Familie am Tisch versammelt bekam der Mann das erste Stück Fleisch, schließlich war er der Haupternährer der Familie. Restaurantbesuche blieben lange den Begüterten vorbehalten, nur zum Vergnügen auswärts essen zu gehen wurde vielerorts für Verschwendung gehalten.

Die Alltagsküche bestand aus simplen, aber schmackhaften Gerichten. Schmalz diente nicht nur als Brotaufstrich, sondern wurde auch der Suppe zugefügt. Kohlgerichte wie Grünkohl galten erst dann als gelungen, wenn sie vor Fett glänzten. Viele Hausfrauen besorgten sich beim Fleischer frischen Flomen, der dann zu Schmalz ausgekocht wurde. Die Fleischbeilage für den gewöhnlichen Werktag bestand oft aus Innereien, Lungenhaschee war ein ebenso beliebtes Gericht wie Berliner Leber mit Stampfkartoffeln und Apfelringen oder Saure Nieren, die in Buttermilch eingelegt wurden. Aus Pfötchen, Wangen und Ohren bestehendes Schweineklein gab alternativ zu Bauchfleisch der Suppe eine gute Grundlage. Gern wurde auch ein Knochen ausgekocht oder die nach dem Schlachten anfallende Wurstbrühe für den Sud verwendet.

An Wochentagen verzichtete die Familie zwar auf die Vorsuppe, Beilagen wie Kartoffeln oder Klöße gehörten jedoch ohne Frage zum Mittagessen – wenn nicht ein kräftiger Eintopf unseren Speiseplan bereicherte. Selbstverständlich war auch, die Reste vom Vortag in abgewandelter Form wieder auf den Tisch zu bringen. Kein Gedanke, Essen wegzuwerfen. Gegessen wurde, was auf den Tisch kam, da gab es kein Wenn und Aber. In den Ferien ging es raus aufs Land – nicht um Urlaub zu machen, sondern um bei der Ernte zu helfen. Da frisches Obst nicht ganzjährig verfügbar war, griff Mama zu frühen Nahrungsergänzungsmitteln – der tägliche Löffel Lebertran ist uns noch in Erinnerung, abgelöst von diversen etwas besser schmeckenden Multivitamin-Präparaten.

Mit einer besseren Grundversorgung und steigendem Wohlstand zog ein frischer Wind in Gesellschaft und Küche ein. Der erste Mensch flog ins All, das Atomzeitalter brach an – moderne Zeiten. Buffets und Anrichten wurden gegen neue Einbauküchen eingetauscht, die durch praktische Hängeschränke und integrierte Geräte bestachen. Eine echte Errungenschaft war für viele Familien die Anschaffung eines Kühlschrankes, der die Lagerung von frischen Waren, Fisch und Fleisch ermöglichte. Verfügten noch 1963 nur 52 Prozent der Haushalte über ein Kühlaggregat, waren es 1969 bereits knapp 84 Prozent. Entsprechend schnell stieg der Fleischkonsum: Zwischen 1950 und 1957 nahm der Verbrauch von Rind- und Schweinefleisch um 50 Prozent zu, Geflügel wurde mehr als doppelt so oft gegessen.

Schon in den Kindertagen des Fernsehens gehörten Kochsendungen zum Programm, die dort gegebenen Anregungen für neue Gerichte wurden dankbar aufgegriffen. Im darauf folgenden Reklameblock priesen Firmen Haushaltswaren und Küchenartikel an. Zugleich veränderte sich das Warenangebot gravierend. Noch immer fuhren Milch- oder Bäckerwagen durch Dörfer und abseits gelegene Stadtviertel, um die Grundversorgung sicher zu stellen. Doch Mehl und Zucker wurden nicht mehr wie bislang abgewogen und in Spitztüten verpackt über die Theke des Kaufmanns gereicht, sondern pfund- und kiloweise in die Regale der aufkommenden Supermärkte gestellt. Milch gab es eher in Flaschen, Schläuchen oder gewachsten Papiertüten als lose in die Milchkanne gefüllt.

Das große Angebot an Konserven stellte den Aufwand des Einkochens in Frage. In zunehmendem Maße erweiterte sich das Angebot an Früchten und Gemüse. Während ein regelrechter Boom auf Südfrüchte einsetzte büßten Kartoffeln deutlich an Beliebtheit ein. Milchprodukte wie Fruchtjoghurt und zubereiteter Quark gehörten zum ständigen Sortiment und wurden gern in den Einkaufskorb gelegt. Samstags waren Bäckereien, die nun sogar Rosinenwecken oder Mohnbrötchen anboten, von uns Kindern bevölkert, die wir für das Familienfrühstück einkauften.

Als überkommen angesehene gesellschaftliche Werte wurden in Frage gestellt, statt Dinge so hinzunehmen, wie sie angeboten wurden, nahm man sie selbst in die Hand. Die ersten Heimwerker-Geschäfte eröffneten, zum Renovieren

oder Tapezieren bestellte man keine Handwerker mehr, sondern machte sich selbst ans Werk. 1963 machte der ‚Selbst ist der Mann'-Sektor bereits einen Jahresumsatz von drei Milliarden D-Mark. Schon zu Beginn der 1960er Jahre wurden vorgefertigte Möbel zum Selberbauen angeboten – als ein schwedisches Möbelhaus 1974 die erste Deutschland-Filiale eröffnete, war das Feld bereits vorbereitet.

Frauen begnügten sich nicht mehr mit ihrer althergebrachten Rolle und wollten nicht mehr auf Kinder und Küche reduziert werden. Berufstätige Mütter gehörten bald zum Alltag, das zusätzlich verdiente Geld wurde für Anschaffungen und ein Stückchen mehr Wohlstand benötigt. Begünstigt wurde diese Entwicklung durch zu günstigen Preisen angebotene Küchengeräte sowie modernes Kochgeschirr – ein Schnellkochtopf verkürzte die Garzeit immens. Hinzu kam ein vielfältiges Angebot an Fertiggerichten, die das Kochen auf einen minimalen Zeitaufwand reduzierten. Galt beim Nachwuchs nur wenige Jahre zuvor noch selbst gestampfter Kartoffelbrei mit gebräunter Butter und Bratwurst als Favorit avancierten nun Maccheroni mit Tomatensauce oder Fischstäbchen zu neuen Leibgerichten. Allein zwischen 1960 und 1964 sank der Pro-Kopf-Konsum an Kartoffeln um rund zwei Drittel.

Mit dem Wegfall vieler Konventionen blieb auch das gemeinsame Essen nicht länger dem engeren Familienkreis vorbehalten. Mit Freunden zusammen zu sitzen und sich bei einer guten Mahlzeit und einem Glas Wein zu unterhalten stieß vor allem bei jungen Erwachsenen auf großen Zuspruch und wurde zum Ausdruck für Lebensqualität. Die Vielfalt in den Regalen weckte zudem

Lust auf originelle Speisen. Kleine Gerichte kamen in Mode, ein Salat wurde nicht mehr zwangsläufig aus grünen Blättern zubereitet. Neue Kreationen wie Floridasalat mit Hühnerfleisch oder Heringssalat gehörten zur Verköstigung bei Zusammentreffen, Rauchschinken und Avocados machten das Schlemmen leicht. Den Abschluss eines gemeinsamen Mahls bildete häufig eine Käseplatte.

Kamen Gäste ins Haus, wurden Naschereien und etwas zum Knabbern angeboten. Die seit dem Ende der 1950er Jahre nicht weg zu denkenden Salzstangen ergänzte der Gastgeber um Erdnüsse, Kartoffelchips und andere gesalzene Knabbereien. Bald wurde es Usus, auch während des Fernsehabends zu naschen. Schokolade, Erfrischungsstäbchen & Co standen hoch im Kurs. 1968 verzehrten Bundesbürger nahezu 6.000 Tonnen Kartoffelchips und nahmen mit fünf Kilo Schokolade pro Kopf und Jahr eine Spitzenstellung in Europa ein.

Als lieb gewonnene Tradition gehörte der selbst gebackene Kuchen auch weiterhin zum Sonntag. Bevor wir uns aber über Striezel oder Topfkuchen hermachen durften wurde Bewegung verordnet. Der sonntägliche Spaziergang kam in Mode. Statt zu spielen ging es – oft im ersten eigenen Auto – auf einer Fahrt ins Blaue hinaus in die Natur. In Sonntagskleidung natürlich, die wir beim gesitteten Gang durch den Wald nicht schmutzig machen durften. Nach der Rückkehr gab es nicht nur das versprochene Gebäck, sondern auch Kakao für uns Kinder – während sich die Eltern Bohnenkaffee gönnten.

Die vermehrte Möglichkeit, den Urlaub im Ausland zu verbringen brachte neue Einflüsse in die Kochgewohnheiten. Internationale Gerichte wurden am Feriendomizil entdeckt und zu Hause nachgekocht, Zutaten wie Zwiebeln, Knoblauch oder mediterrane Kräuter fanden bald ihren festen Platz im Vorratsschrank. Ob Pizza, Paella oder Cevapcici – die neuen Einflüsse wurden besonders vom Nachwuchs begeistert angenommen. Als sich Tiefkühlkost nicht mehr auf einzelne tischfertige Gemüse beschränkte, sondern komplette Mahlzeiten umfasste, avancierte die tiefgefrorene Pizza zeitweilig zum beliebtesten Produkt der Hersteller von Tiefkühlkost.

Bereits in den 1960er Jahren stieg der Konsum von Fleisch- und Wurstwaren immens an. Zwar war der gute Braten noch immer dem Sonntagstisch vorbehalten, doch kamen auch während der Woche vermehrt Bratwurst- oder Hackfleischgerichte auf den Tisch. Gab es nach der Schule Frikadellen mit Kartoffelsalat, war zumindest unsere kulinarische Welt in Ordnung. Stand Hühnerfrikassee auf dem Herd, galt das nicht mehr als Besonderheit.

Eine Veränderung der Ernährungsgewohnheiten und materieller Wohlstand änderten auch die Akzeptanz, außer Haus zu essen. Kantinen sorgten in größeren Firmen für das Mittagessen der Mitarbeiter – der Henkelmann geriet in Vergessenheit. Viele Schüler nahmen an der verstärkt angebotenen Schulspeisung teil. Imbissbuden schossen aus dem Boden und stillten unterwegs den kleinen Hunger. Bald boten sich ihre Produkte auch als Alternative zum Selberkochen an, die Portion Pommes frites oder das halbe Hähnchen hatten zuerst noch Ausnahmecharakter, gewannen aber zunehmend an Normalität.

Zum festen Sonntagsprogramm gehörte nun der *Internationale Frühschoppen* mit Werner Höfer, der bei Wein und Rauchwaren mit Journalisten aus verschiedenen Ländern und unserem Opa oder Vater auf der anderen Seite der Mattscheibe Tagespolitik erörterte. Während der Mann sich der politischen Bildung widmete, hatten wir Kinder leise zu spielen und die Gattin bereitete das Mittagsessen vor – noch immer galt die Küche als Herrschaftsbereich der Frau. Obwohl die Küchen der Gastronomie traditionell in männlicher Hand lagen, fanden die Herren der Schöpfung erst in den 1960er und 1970er Jahren den Weg an den heimischen Herd. Zu diesem Zeitpunkt waren übrigens viele Küchen bereits mit Geschirrspülmaschinen ausgestattet.

Die Supermärkte vergrößerten ihre Verkaufsflächen, der kleine Einkaufsladen in der Siedlung gehörte zunehmend der Vergangenheit an. Die Zeiten des Anschreibenlassens waren vorbei, Rabattmarken kamen und gingen. Frisches Obst und Gemüse aus Europa lag nun ganzjährig im Regal. Exotische Früchte bereicherten das Angebot, und Fruchtsaftgetränke wurden als gesunde Alternative zu Limonade angesehen. Nach den kalorienreichen 1960er Jahren achtete man mehr auf Inhaltsstoffe und Verträglichkeit, auf dem Trimm-Dich-Pfad schmolz der Wohlstandsspeck. Die ersten Abenteuerspielplätze wurden eingerichtet, längst durfte nicht nur die Jugend in normaler Straßenkleidung am Tisch sitzen – selbst sonntags.

Mit einem veränderten Freizeitverhalten und steigender Mobilität waren gemeinsam eingenommene Mahlzeiten keine Selbstverständlichkeit mehr. Wenn aber die ganze Familie am Mittagstisch zusammen kam probierte man gern etwas Neues aus. Im kulinarischen Bereich begann die Zeit der Experimente. 1972 wurde in Frankreich die ‚Nouvelle Cuisine' propagiert, statt schwerer Hausmannskost kamen auch für uns immer öfter leicht bekömmliche Gerichte auf den Tisch.

Der Römertopf bot sich als Alternative zur klassischen Auflaufform an. Toastvariationen ersetzten zu besonderen Gelegenheiten die belegten Brote zum Abendessen, in Rezepten tauchten bislang fremde Zutaten auf. Ob Huhn mit Kiwis oder Sojasprossen zum Hackbraten – vieles haben wir probiert, nicht alles überdauerte die Zeit. Verschiedenste Diäten und Ratgeber für fettarmes Kochen wechselten einander in schneller Folge ab, doch nicht jeder Modetrend stieß beim Nachwuchs auf Gegenliebe. ‚Was auf den Teller kommt, wird gegessen' hatte nicht länger Bestand – während sich die Eltern einen Reis- oder Rohkosttag gönnten stand für die Kinder ein Alternativgericht auf dem Tisch.
Abends oder am Wochenende auswärts essen zu gehen wurde zur Bereicherung des Alltags. Man gönnte sich gern etwas außer der Reihe, ging zum Italiener oder Jugoslawen, probierte das neue China-Restaurant aus. Besonders beliebt bei Kindern jeder Altersklasse war und ist bis heute der Ausflug ins Eiscafé.

Es gibt Geschmacksnoten, die niemand von uns vergisst. Jeder erinnert sich sofort an Dinge, die in unserer Kindheit so furchtbar lecker waren: Der Geschmack von Schokoladenpudding (ohne Haut, Sonntags), Spaghetti mit frischer Tomatensauce (im Sonnenschein auf der Terrasse, im Urlaub) oder Jägerschnitzel (riesengroß, in Sauce ertränkt, aus der Pommesbude) liegt sofort wieder auf der Zunge. Jede Zeit hatte ihre Highlights: Die 1950er und 1960er Jahre mit deftigkräftiger Hausmannskost oder grandiosen Kalorienbomben – eine Zeit, in der neue Elektrogeräte noch wussten, was Frauen wünschen; die 1970er und 1980er mit manch kreativ-verwegener Deko-Idee und exotischen Zutaten. Es sind jedoch unverwüstliche Klassiker wie Pommes und Bockwurst, Frikadellen, Kartoffelsalat, Hühnerfrikassee oder Grießbrei, auf Familienfesten als Gipfel der Geselligkeit oder in der Geborgenheit der Küche gereicht, deren geschmackliche Vorzüge Generationen und Regionen übergreifend unvergessen bleiben.

Eines jedenfalls ist allen Gerichten bis heute gemeinsam: Sie mach(t)en uns glücklich.

07B 07C Film 08A 08B 08C Film 09A 09B
07B 07C Film 08A 08B 08C Film 09A 09B

Kleine Gerichte & Suppen

Um den kleinen Hunger zu stillen bedurfte es nicht zwangsläufig einer kompletten Mahlzeit, denn kleine Gerichte eigneten sich als Brotzeit, schnell zubereitetes Mittagessen oder auch als Abendessen. Zu den Klassikern gehörten Russische Eier, Fleischsalat und Fliegenpilztomaten. Diese Snacks waren zugleich wunderbar für die Resteverwertung und für Partys geeignet.
Suppen bereicherten regelmäßig den Speiseplan, denn bis in die 1960er Jahre hinein gehörte die Suppe als Vorspeise unbedingt zu unserem Sonntagsessen. Bei herzhaften Suppen und Eintöpfen war die Verwendung von Kartoffeln und Kohl sowie Hülsenfrüchten üblich. Eine kräftige Einlage, z.B. Würstchen, Bauchfleisch oder Beigaben wie Omas Eierstich und diverse Klößchen garantierten Sättigung. Das vielfältiger werdende Warenangebot verdrängte die Suppe allmählich vom Spitzenplatz der Hausmannskost. Ihrer Beliebtheit als Herbst- oder Wintermahlzeit tat das jedoch keinen Abbruch.

Fliegenpilz-Tomaten

Für 4 Portionen
4 runde Tomaten
200 g Gemüse-, Reis- oder Fleischsalat
40 g Mayonnaise (aus der Tube)
1 Kistchen Kresse

Zubereitungszeit ca. 10 Minuten
Pro Portion ca. 111 kcal/466 kJ
2 g E · 9 g F · 4 g KH

Die Tomaten waschen und trocken tupfen. Die Seite mit dem Stielansatz etwas abflachen, damit die Tomate einen guten Stand hat, dann den Stielansatz entfernen. Den oberen Deckel abschneiden.
Die Tomaten mit einem Löffel vorsichtig entkernen und mit Gemüse-, Reis- oder Fleischsalat füllen.
Die Tomatendeckel auf die gefüllten Tomaten setzen und mit Mayonnaise die typischen Punkte auf den Deckel tupfen.
Die Kresse vom Beet schneiden und abbrausen. Kresse und Fliegenpilz-Tomaten auf einem Brett anrichten.

Russische Eier

Für 4 Portionen
4 große Eier
1/2 kleiner Apfel
1 kleine Zwiebel
20 g weiche Butter
1/2 El Zitronensaft
1/2 El Mayonnaise
4 Stängel Dill
Salz
Pfeffer
20 g Forellenkaviar

Zubereitungszeit ca. 20 Minuten (plus Kochzeit)
Pro Portion ca. 181 kcal/760 kJ
9 g E · 13 g F · 6 g KH

Die Eier hart kochen, abschrecken und abkühlen lassen, anschließend vorsichtig pellen und der Länge nach halbieren. Die Apfelhälfte schälen, vom Kerngehäuse befreien und in winzige Würfel schneiden. Die Zwiebel schälen und sehr fein hacken.

Die Eigelbe mit einem Teelöffel vorsichtig aus den Eihälften herauslösen. Mit der weichen Butter, dem Zitronensaft, der Mayonnaise und den Zwiebelwürfeln fein pürieren. Die Apfelwürfel hinzugeben und unterheben.

Den Dill waschen, trocken schütteln, die Blättchen abzupfen und klein hacken. Anschließend ebenfalls zur Eigelbmasse geben und unterheben. Die Eimasse mit Salz und Pfeffer abschmecken.

Anschließend in einen Spritzbeutel geben und in die Eihälften füllen. Die gefüllten Eier mit etwas Forellenkaviar garniert servieren.

Fleischsalat mit Schmalzbrot

Für 4 Portionen
1 Ei
250 g Fleischwurst
4 Gewürzgurken
100 g Mayonnaise
Salz, Pfeffer
1 Prise Zucker
2 El Weißweinessig
1 Tl scharfer Senf
1 Tl Meerrettich
2 El Naturjoghurt
1/2 Bund Petersilie

Schmalzbrot
250 g Flomen
1 Zwiebel
1/2 Knoblauchzehe
1/2 Apfel
1 El getrockneter Majoran
3 Pfefferkörner
1 Lorbeerblatt, Salz
4 angeröstete Brotscheiben

Zubereitungszeit ca. 15 Minuten (plus Kochzeit)
Pro Portion ca. 450 kcal/1890 kJ
12 g E · 41 g F · 6 g KH

Das Ei hart kochen, abschrecken und abkühlen lassen. Die Fleischwurst von der Pelle befreien und in Streifen schneiden. Die Gewürzgurken ebenfalls in Streifen schneiden.
Die Zutaten in eine Schüssel geben. Die Mayonnaise mit Salz, Pfeffer, Zucker, Essig, Senf, Meerrettich und Joghurt mischen und über die Salatzutaten geben.
Die Petersilie waschen, trocken schütteln und hacken. Das Ei pellen und in Scheiben schneiden. Den Fleischsalat mit Eischeiben und Petersilie garniert servieren.
Für das Schmalz den Flomen fein würfeln und in einem Topf auslassen, bis die Grieben übrig sind. Die Zwiebel und Knoblauchzehe schälen und hacken. Den Apfel schälen, entkernen und würfeln, zugeben und mit Majoran, zerdrückten Pfefferkörnern und Lorbeerblatt schmoren, bis die Zwiebeln gebräunt sind. Lorbeerblatt entfernen und Schmalz mit Salz abschmecken.
Angeröstete Brotscheiben mit dem Schmalz bestreichen und zum Fleischsalat reichen.

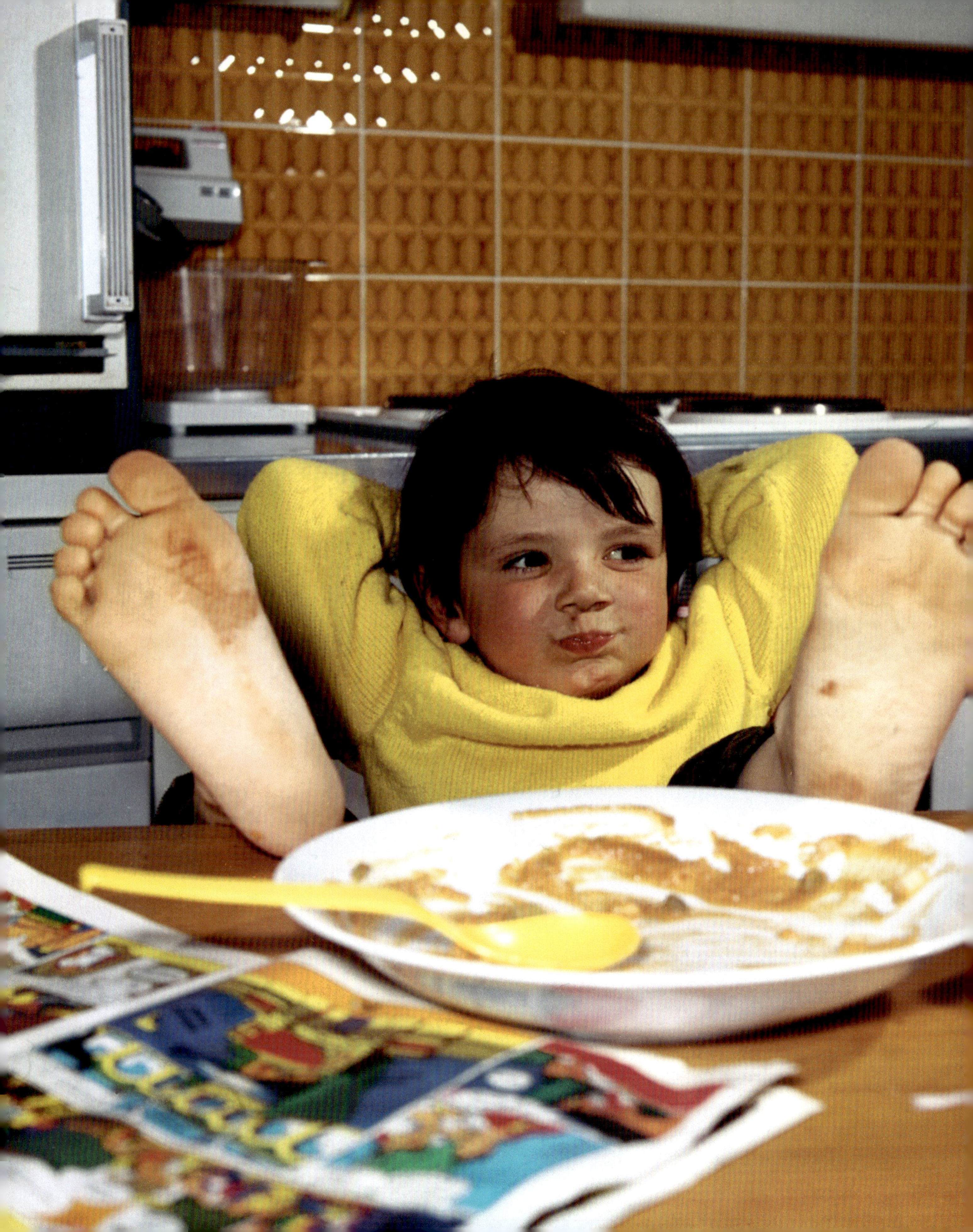

Champignoncremesuppe

Für 4 Portionen
500 g Champignons
1 Schalotte
1 Lauchstange
1 El Butter
3 El Mehl
750 ml Gemüsebrühe
200 ml Milch
200 ml Sahne
Salz
Pfeffer
2 El frisch gehackte Petersilie

Zubereitungszeit ca. 20 Minuten
(plus Schmor- und Kochzeit)
Pro Portion ca. 116 kcal/487 kJ
6 g E · 6 g F · 8 g KH

Die Pilze putzen, feucht abreiben und in Scheiben schneiden. Die Schalotte schälen und fein hacken. Den Lauch putzen, waschen und in dünne Ringe schneiden. Die Butter in einem Topf erhitzen und die Schalotte darin glasig dünsten. Den Lauch zugeben und 2 Minuten mitschmoren.

Dann die Pilze zugeben und 5 Minuten schmoren. Den Topf vom Herd nehmen, die Pilze mit 1 El Mehl bestäuben und mitrösten. Brühe und Milch angießen, den Topf wieder auf den Herd stellen und die Suppe etwa 10 Minuten köcheln lassen. Dabei öfter umrühren.

Die Sahne mit dem restlichen Mehl verquirlen und die Suppe damit unter Rühren andicken, anschließend weitere 5 Minuten köcheln. Die Suppe pürieren und mit Salz und Pfeffer abschmecken. Vor dem Servieren mit dem Stabmixer schaumig aufschlagen. Mit Petersilie bestreut servieren.

Püfferkes

Für 4 Portionen
500 g Mehl
1 Päckchen Backpulver
5 Eier
1 Päckchen Vanillezucker
250 g Zucker
1/2 El Salz
ca. 200 ml Milch
125 g Rosinen
Öl oder Butterschmalz zum Backen

Zubereitungszeit ca. 10 Minuten (plus Backzeit)
Pro Portion ca. 923 kcal/3877 kJ
24 g E · 12 g F · 175 g KH

Das Mehl in eine Schüssel geben und das Backpulver darunter mischen. Die Eier, Vanillezucker, Zucker und Salz hinzufügen und alles mit so viel Milch verrühren, dass ein dickflüssiger Teig entsteht. Die Rosinen darunter heben.

Etwas Öl oder Butterschmalz in einer Pfanne erhitzen und den Teig mit einem Esslöffel portionsweise in die Pfanne geben. Bei mittlerer Hitze zu etwa handtellergroßen fingerdicken Püfferchen backen.

Die kleinen Puffer von beiden Seiten goldgelb backen, herausnehmen und warm halten. Die Püfferkes warm und mit etwas Butter bestrichen servieren.

triola
triola

Tomatensuppe

Für 4 Portionen
1,5 kg reife Tomaten
1 Zwiebel
2 El Olivenöl
30 g Mehl
500 ml Gemüsebrühe
3 Thymianzweige
Salz
Pfeffer
Zucker
Tabasco
2 cl Wodka
100 ml Sahne
1/2 Bund Basilikum

Zubereitungszeit ca. 20 Minuten (plus Schmor- und Garzeit)
Pro Portion ca. 205 kcal/861 kJ
5 g E · 11 g F · 17 g KH

Die Tomaten waschen, vierteln, die Stielansätze entfernen. Die Zwiebel schälen und fein würfeln. Das Öl in einem Topf erhitzen und die Zwiebel darin glasig dünsten. Das Mehl darüberstäuben und unter Rühren andünsten.

Die Tomatenviertel in den Topf geben und nach und nach die Brühe angießen. Den Thymian waschen, trocken schütteln und zu den Tomaten geben. Mit Salz und Pfeffer würzen. Die Suppe etwa 30 Minuten köcheln.

Die Suppe durch ein Sieb streichen und mit Salz, Pfeffer, Zucker und einigen Spritzern Tabasco pikant abschmecken. Den Wodka angießen und die Sahne steif schlagen. Das Basilikum waschen, trocken schütteln und hacken. Die Tomatensuppe mit Sahnehäubchen und Basilikum bestreut servieren.

Krabbencocktail

Für 4 Portionen
1 Zitrone
400 g gekochtes Nordsee-krabbenfleisch
150 ml Sahne
2–3 El Tomatenketchup
1 1/2 Tl Sahnemeerrettich
1 1/2 El Weinbrand
Salz, Cayennepfeffer
4 Kopfsalatblätter
1/2 Bund frisch gehackter Dill

Zubereitungszeit ca. 15 Minuten
Pro Portion ca. 233 kcal/978 kJ
20 g E · 13 g F · 7 g KH

Die Zitrone heiß abwaschen und 4 Scheiben davon abschneiden. Die restliche Zitrone auspressen und über die Krabben geben. Die Sahne steif schlagen und mit Ketchup, Sahnemeerrettich und Weinbrand mischen. Mit Salz und Cayennepfeffer abschmecken. Die Salatblätter waschen und trocken schleudern. 4 Cocktailgläser oder Schalen damit auslegen. Darauf die Krabben verteilen. Die Cocktailsauce über die Krabben geben und mit Dill garnieren. Die Zitronenscheiben an den Rand der Schalen stecken. Mit frischem Toast und Butter servieren.

Siegerurkunde

Bei den Bundesjugendspielen 1972
hat Sina Seppmann
im Dreikampf
mit 156 Punkten gesiegt

Als Anerkennung
verleihen wir diese Urkunde

Der Kultusminister
des Landes
Nordrhein-Westfalen

Der Präsident
des Deutschen
Sportbundes

Grießklößchensuppe

Für 4 Portionen

40 g Butter

80 g Hartweizengrieß

1 Ei

Salz

frisch geriebene Muskatnuss

1 l Rinderbrühe

1 El gehackte Petersilie

Zubereitungszeit ca. 35 Minuten (plus Quellzeit)
Pro Portion ca. 176 kcal/739 kJ
5 g E · 11 g F · 15 g KH

Die weiche Butter schaumig rühren. 1 Esslöffel Grieß darunter rühren, anschließend das Ei darunter rühren. Den restlichen Grieß, Salz und frisch geriebene Muskatnuss darunter rühren. Den Teig etwa 20 Minuten quellen lassen.

Die Rinderbrühe vorsichtig zum Kochen bringen. Anschließend aus dem Teig mit nassen Händen kleine Klößchen formen. Der Teig muss so fest sein, dass er sich zu kleinen Klößchen formen lässt. Andernfalls noch etwas Grieß darunter rühren.

Die Klößchen in der kochenden Rinderbrühe bei schwacher Hitze etwa 20 Minuten gar ziehen lassen. Die Petersilie waschen, trocken schütteln und klein hacken.

Die Grießklößchensuppe vor dem Servieren mit der gehackten Petersilie bestreuen.

Edeka
BRATHERINGE

Graupensuppe

Für 4 Portionen
50 g geräucherter Speck
40 g Butter
1 Möhre
1/2 Sellerie
2 Kartoffeln
1 kleine Lauchstange
50 g Perlgraupen
1 l Fleischbrühe
1/2 Bund Liebstöckel
1 Thymianzweig
Salz, Pfeffer
Apfelessig
150 g Fleischwurst
1 El frisch
gehackte Petersilie

Zubereitungszeit ca. 30 Minuten (plus Garzeit)
Pro Portion ca. 232 kcal/975 kJ
10 g E · 16 g F · 11 g KH

Den Speck in kleine Würfel schneiden. Die Butter in einem Topf erhitzen und die Speckwürfel darin anrösten.
Möhre, Sellerie und Kartoffeln schälen und in Würfel schneiden. Den Lauch putzen, gründlich waschen und in Ringe schneiden. Das Gemüse zum Speck geben und unter Rühren kurz mitschmoren. Die Graupen waschen, abtropfen lassen und zum Gemüse geben. Nochmals durchrühren und die Brühe angießen. Liebstöckel und Thymian waschen und hinzufügen. Die Suppe etwa 25 Minuten leicht köcheln lassen. Dann die Kräuter herausnehmen. Die Suppe mit Salz, Pfeffer und Essig nach Belieben abschmecken.
Die Fleischwurst in Scheiben oder Würfel schneiden und in der Suppe erwärmen. Die Suppe mit Petersilie bestreut servieren.

07B 07C Film 08A 08B 08C Film 09A 09B
07B 07C Film 08A 08B 08C Film 09A 09B

Hauptgerichte

Traditionelle Gerichte mit regionalem Einschlag dominierten in den 1950er Jahren und satt werden stand vor Raffinesse. Auf den Teller kamen oft einfache Mahlzeiten – der Jahreszeit entsprechende Gemüse wurden mit Kartoffeln oder Klößen als Beilage serviert. Fleisch, etwa als Roulade oder Hackbraten angerichtet, stand nicht jeden Tag auf dem Speiseplan.

Ein größeres Nahrungssortiment und bessere Kühlmöglichkeiten ließen in den Jahren darauf die Mahlzeiten üppiger und ausgefallener werden. Moderne Haushaltsgeräte und Errungenschaften wie der Schnellkochtopf verkürzten die Zubereitungszeit, internationale Gerichte auf Nudel- und Reisbasis, aber auch Fischrezepte wurden bald so beliebt wie bewährte Hausmannskost. Dem aufkommenden Kalorienbewusstsein der 1970er Jahre entsprach der Trend zu leichten Mahlzeiten, die ‚Nouvelle Cuisine' hielt auch in deutschen Küchen Einzug. Gegrilltes stand ebenso hoch im Kurs wie Gerichte aus dem Römertopf, und zunehmend griff man beim Abschmecken zu exotischen Kräutern und Gewürzen.

Gefüllte Paprika

Für 4 Portionen
4 große gelbe Paprikaschoten
1 Zwiebel
1 Knoblauchzehe
2 El Butter
1 El frisch gehackter Majoran
150 g durchwachsener Speck
300 g gemischtes Hackfleisch
1 Ei
50 g Paniermehl
Salz, Pfeffer
1 Tl scharfer Senf
200 ml Gemüsebrühe
2 El Mehl
125 ml pürierte Tomaten
1 El frisch gehacktes Basilikum

Zubereitungszeit ca. 30 Minuten (plus Schmor- und Backzeit)
Pro Portion ca. 530 kcal/2226 kJ
32 g E · 21 g F · 53 g KH

Von den Paprikaschoten oben einen Deckel abschneiden. Die Schoten von Kernen befreien und waschen. Zwiebel und Knoblauch schälen und hacken. Butter in einer Pfanne erhitzen und Zwiebel und Knoblauchzehe darin andünsten. Majoran kurz mitschmoren.

Speck würfeln. Mit der Pfannenmischung in einer Schüssel verrühren. Hackfleisch, Ei, Paniermehl, Salz, Pfeffer und Senf zugeben und daraus eine homogene Masse herstellen. Den Backofen auf 180 °C (Umluft 160 °C) vorheizen.

Die Hackfleischmasse in die Paprikaschoten füllen, die Paprikadeckel auflegen. Die Schoten in eine Auflaufform setzen, die Brühe angießen und etwa 30 Minuten backen. Aus der Form nehmen, Flüssigkeit mit Mehl binden. Tomatenpüree einrühren, aufkochen und abschmecken. Basilikum unterheben. Zu den Paprika servieren. Dazu passen Reis oder Reisnudeln.

Der Falsche Hase, regional unterschiedlich auch Faschierter Braten oder Hackbraten genannt, besteht aus Hackfleisch. Er verdankt den Namen seiner Größe, die in etwa einem ganzen Hasen entspricht. Viele Hausfrauen entwickeln eigene Varianten des beliebten Gerichts, so ist es unter anderem üblich, ganze gekochte Eier darin zu „verstecken". Als Kinder wollten wir natürlich nur Scheiben, die das Gelbe vom Ei beinhalten, essen.

Falscher Hase

Für 4 Portionen

1 altbackenes Brötchen
250 g Rinderhack
250 g Schweinehack
100 g Speck
2 Zwiebeln
1 Möhre
1 Ei
1 Tl getrockneter Majoran
1 El gehackte frische Petersilie
1 Tl Senf
200 g Sahne
1 El Mehl
Salz, Pfeffer

Zubereitungszeit ca. 25 Minuten (plus Garzeit)
Pro Portion ca. 518 kcal/2174 kJ
31 g E · 39 g F · 11 g KH

Das Brötchen in warmem Wasser einweichen. Die beiden Hackfleischsorten miteinander mischen, den Speck würfeln. Die Zwiebeln schälen und hacken. Die Möhre waschen und reiben. Den Backofen auf 180 °C (Umluft 160 °C) vorheizen. Das Brötchen gut ausdrücken und mit Hackfleisch, Speck, Zwiebeln, Möhre und Ei in einer Schüssel gut vermengen. Die Kräuter und den Senf unterheben. Den Teig zu einem länglichen Laib formen und in die Fettpfanne setzen. 250 ml Wasser angießen und den Braten etwa 30 Minuten garen. Während des Garens mehrmals mit dem Wasser übergießen.
Anschließend den Braten auf einer vorgewärmten Platte warm halten. Den Bratensatz mit etwas Wasser loskochen. Die Sahne mit Mehl verrühren, angießen und etwas einkochen lassen. Die Sauce mit Salz und Pfeffer abschmecken. Den Falschen Hasen in Scheiben schneiden und mit der Sauce servieren. Dazu passen Erbsen.

Cevapcici mit Zaziki

Für 4 Portionen
1/2 Salatgurke
Salz
4 Knoblauchzehen
250 g Quark (20% Fett)
150 g Joghurt
1 El fein gehackte Petersilie
1/4 Tl Pfeffer
1 Zwiebel
1 rote und grüne Paprikaschote
600 g Rinderhackfleisch
3 El Olivenöl
1 Tl Paprikapulver

Zubereitungszeit ca. 1 Stunde
Pro Portion ca. 432 kcal/1814 kJ
40 g E · 26 g F · 8 g KH

Die Gurke waschen, schälen und fein raspeln. Mit Salz bestreuen und 15 Minuten stehen lassen. Danach die Gurkenraspel ausdrücken.
Inzwischen die Knoblauchzehen schälen und fein hacken. Quark, Joghurt und 1 fein gehackte Knoblauchzehe zusammen mit den Gurkenraspeln in einer Schüssel verrühren. Das Ganze mit Petersilie, Salz und Pfeffer abschmecken.
Für die Cevapcici die Zwiebel schälen und sehr fein hacken. Die Paprikaschoten waschen, trocken tupfen, putzen und der Länge nach vierteln, entkernen und in Streifen schneiden.
Das Rinderhackfleisch zusammen mit dem restlichen Knoblauch, Salz, Pfeffer und Paprikapulver zu einem Teig verkneten. Aus dem Fleischteig mit angefeuchteten Händen etwa fingerlange, 2 cm dicke Würste formen. Die Cevapcici nebeneinander auf einen Teller legen, abdecken und im Kühlschrank 30 Minuten durchziehen lassen.
Das Öl in einer beschichteten Pfanne erhitzen. Die Cevapcici darin unter mehrmaligem Wenden von allen Seiten etwa 5 Minuten braten.
Die Zwiebelwürfel auf den Cevapcici verteilen, das Ganze mit Paprikastreifen garnieren und mit Paprikapulver leicht bestäuben. Das Zaziki dazu servieren.

Königsberger Klopse

Für 4 Portionen
1 altbackenes Brötchen
2 kleine Zwiebeln
600 g gemischtes Hackfleisch
3 Eier
Salz
Pfeffer
4 Sardellen (aus dem Glas)
50 g Butter
40 g Mehl
50 g Kapern
Saft von 1/2 Zitrone
1 Prise Zucker
100 ml Sahne

Zubereitungszeit ca. 20 Minuten (plus Garzeit)
Pro Portion ca. 595 kcal/2499 kJ
37 g E · 41 g F · 20 g KH

Brötchen in warmem Wasser einweichen. Zwiebeln schälen und hacken. Das Hackfleisch mit dem ausgedrückten Brötchen, den Zwiebeln und 1 Ei mischen und mit Salz und Pfeffer würzen. Sardellen gut abspülen und fein hacken. Zum Fleisch geben und aus allen Zutaten einen homogenen Teig kneten.
In einem Topf Salzwasser zum Kochen bringen. Aus dem Teig Klopse formen und im Wasser etwa 20 Minuten garen.
Butter in einem Topf schmelzen und das Mehl dazusieben. Unter Rühren eine Mehlschwitze herstellen und mit Kochwasser von den Klopsen ablöschen, bis eine samige Sauce entstanden ist.
Die Sauce etwa 10 Minuten köcheln, dann die Kapern einrühren und mit Zitrone, Salz, Pfeffer und Zucker abschmecken.
Die restlichen Eier trennen und die Eigelbe mit der Sahne verquirlen. Zur Sauce geben. Die Klopse in der Kapernsauce servieren. Dazu Reis oder Kartoffeln reichen.

Frikadellen mit Kartoffelsalat

Für 4 Portionen
800 g fest kochende Kartoffeln
60 g durchwachsener Speck
2 Zwiebeln
350 ml Fleischbrühe
2 El Weinessig
4 El Sonnenblumenöl
Salz, Pfeffer
3 El Schnittlauchröllchen
100 ml Milch
2 Brötchen vom Vortag
1/2 Bund Petersilie
500 g gemischtes Hackfleisch
2 Eier
3 El Pflanzenöl
1 Tl scharfer Senf
Muskatnuss
Majoran

Zubereitungszeit ca. 50 Minuten (plus Zeit zum Ziehen)
Pro Portion ca. 810 kcal/3402 kJ
38 g E · 53 g F · 46 g KH

Kartoffeln gründlich waschen und in kochendem Wasser 20 Minuten garen, abgießen, abkühlen lassen, schälen und in Scheiben schneiden. Speck fein würfeln, 1 Zwiebel schälen und fein hacken. Speckwürfel in einer Pfanne auslassen und die Zwiebel darin glasig dünsten.
Die Brühe erhitzen und in einer Schüssel mit Weinessig, Sonnenblumenöl, Salz und Pfeffer vermischen. Kartoffelscheiben, Zwiebeln und Speck damit vermischen. Salat mindestens 30 Minuten durchziehen lassen. Anschließend Schnittlauch darunter heben.
Milch erwärmen und die Brötchen darin 15 Minuten ziehen lassen, ausdrücken. Restliche Zwiebel schälen und fein hacken. Petersilie waschen, trocken schütteln und klein hacken.
Hackfleisch in eine Schüssel geben und mit Brötchen, Petersilie und Eiern vermischen. 1 El Pflanzenöl erhitzen und die Zwiebeln darin andünsten, anschließend ebenfalls zu der Fleischmasse geben. Alles mit Senf, Salz, Pfeffer, frisch geriebener Muskatnuss und Majoran zu einem glatten Teig verkneten.
Aus dem Teig mit nassen Händen kleine Fleischbällchen formen. Restliches Öl in einer Pfanne erhitzen und die Fleischbällchen darin goldbraun braten. Frikadellen dekorativ anrichten und mit dem Kartoffelsalat servieren.

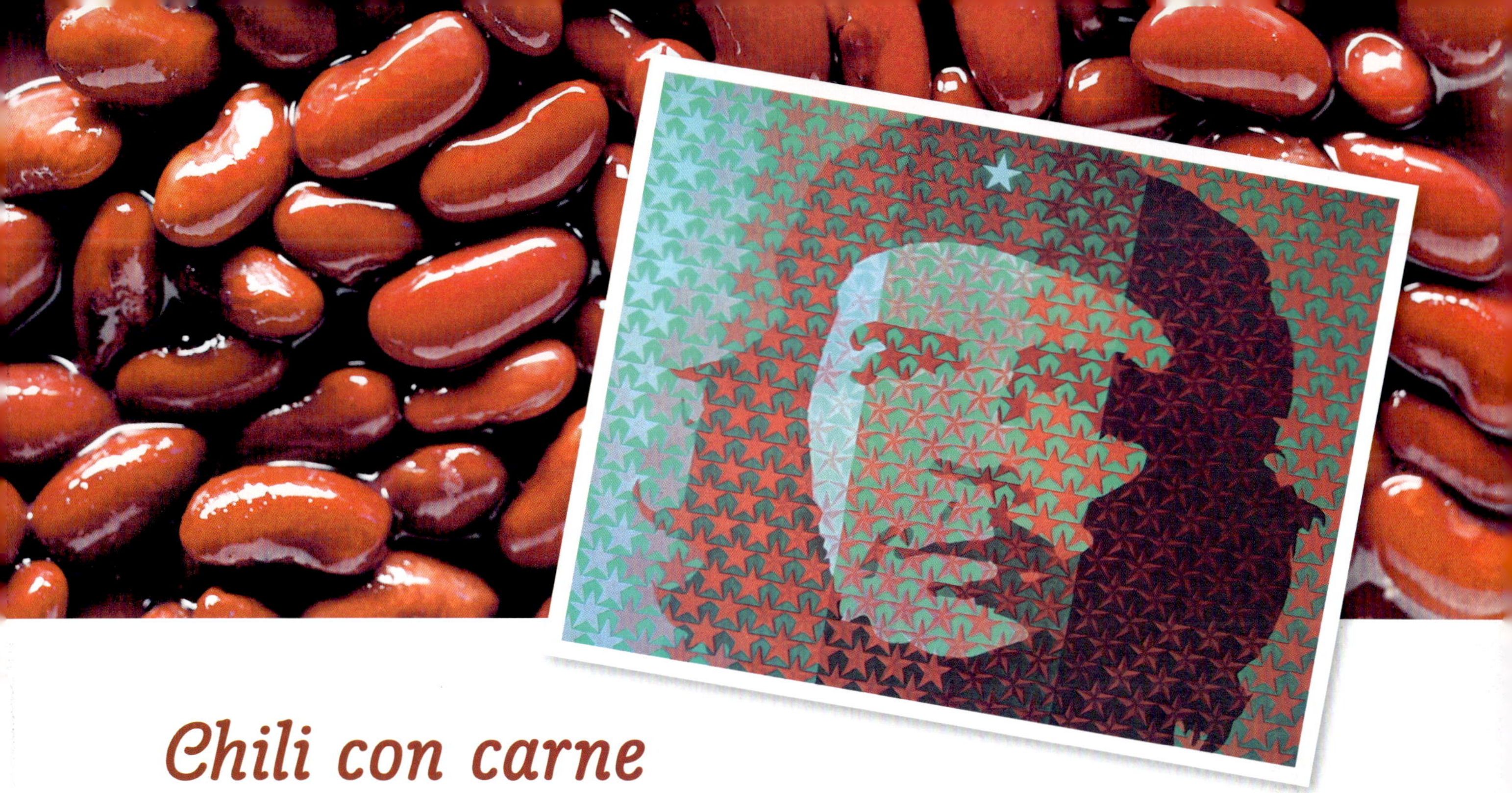

Chili con carne

Für 4 Portionen
250 g rote Bohnen
1,5 l Fleischbrühe
1 Zwiebel
1 Knoblauchzehe
2 El Butterschmalz
500 g Rinderhackfleisch
Salz, Pfeffer
1 Tl Chilipulver
1 El edelsüßer Paprika
250 g Tomaten
1/2 El Speisestärke

Zubereitungszeit ca. 20 Minuten (plus Einweich-, Schmor-, und Garzeit)
Pro Portion ca. 355 kcal/1491 kJ
32 g E · 21 g F · 10 g KH

Die Bohnen waschen und über Nacht in 1 l Wasser einweichen. Dann in der Brühe etwa 1 Stunde garen.
Zwiebel und Knoblauchzehe schälen und hacken. Butterschmalz in einer Pfanne erhitzen und Zwiebel mit Knoblauch darin andünsten. Hackfleisch hinzufügen und krümelig braten. Die Bohnen zur Hackfleischmischung geben.
Die Tomaten mit Saft in den Eintopf geben und alles weitere 30 Minuten garen. Abschmecken und nach Bedarf die Flüssigkeit mit in Wasser angerührter Speisestärke binden. Dazu passen Brötchen.

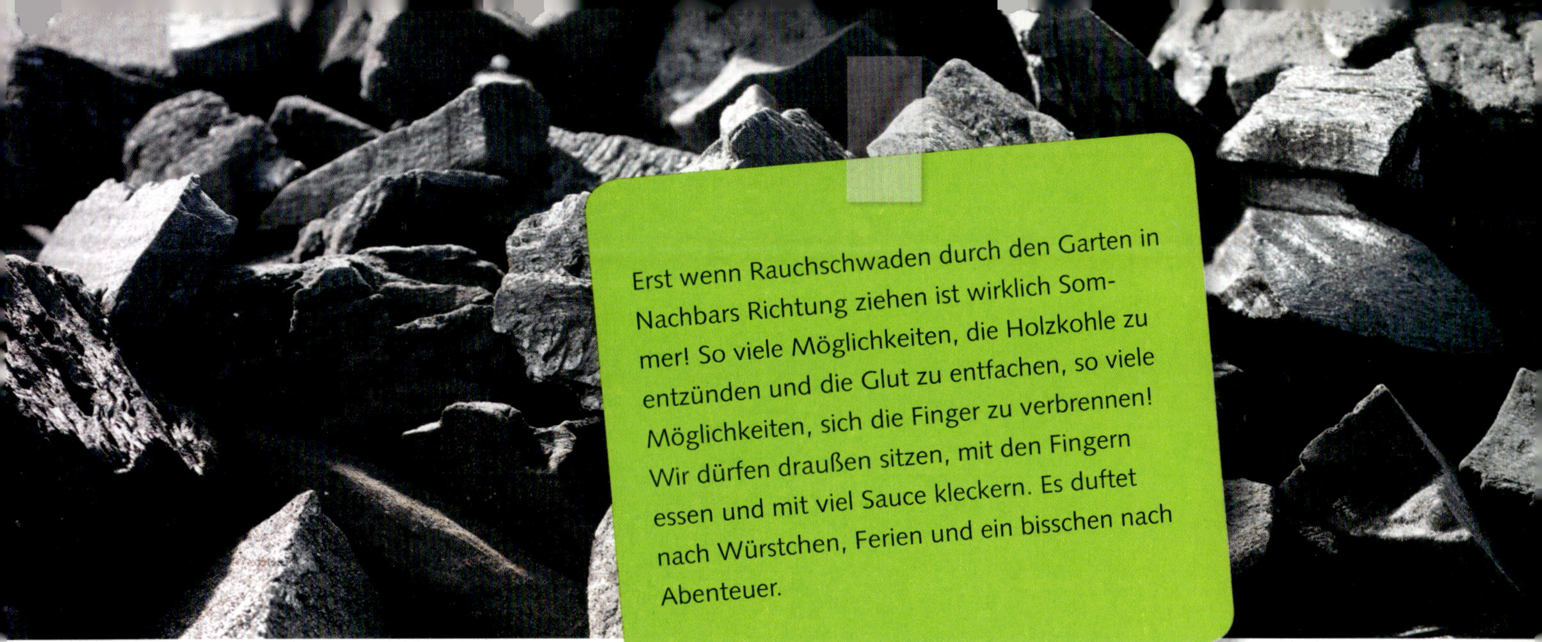

Erst wenn Rauchschwaden durch den Garten in Nachbars Richtung ziehen ist wirklich Sommer! So viele Möglichkeiten, die Holzkohle zu entzünden und die Glut zu entfachen, so viele Möglichkeiten, sich die Finger zu verbrennen! Wir dürfen draußen sitzen, mit den Fingern essen und mit viel Sauce kleckern. Es duftet nach Würstchen, Ferien und ein bisschen nach Abenteuer.

Nürnberger Rostbratwürste

Für 4 Portionen
24 kleine rohe Bratwürste
3 El Butterschmalz
250 ml Milch

Zubereitungszeit ca. 10 Minuten
(plus Koch- und Bratzeit)
Pro Portion ca. 540 kcal/2268 kJ
32 g E · 45 g F · 3 g KH

In einem großen Topf etwa 2 l Wasser zum Kochen bringen. Die Bratwürste in das nicht mehr kochende Wasser geben und bei geringer Temperatur ziehen lassen, bis sie sich fest anfühlen.
Die Würste aus dem Wasser holen und gut abtropfen lassen oder mit Küchenpapier trocken reiben.
Das Butterschmalz in einer Pfanne erhitzen. Die Bratwürste kurz in die kalte Milch tauchen und im heißen Fett knusprig braun braten. Rostbratwürste mit Meerrettich oder zu Sauerkraut und Kartoffelpüree servieren.

Leber mit Äpfeln und Zwiebeln

Für 4 Portionen
2 Gemüsezwiebeln
2 Äpfel
100 g Mehl
Salz
Pfeffer
3 El Butterschmalz
4 Scheiben Bauchspeck
4 Scheiben Kalbsleber
(à 125 g)

Zubereitungszeit ca. 25 Minuten
(plus Bratzeit)
Pro Portion ca. 373 kcal/1565 kJ
29 g E · 14 g F · 33 g KH

Die Zwiebeln schälen und in Ringe schneiden. Die Äpfel schälen, von den Kerngehäusen befreien und in Scheiben schneiden.
Das Mehl in einen Teller geben und mit Salz und Pfeffer mischen.
1 El Butterschmalz in einer Pfanne erhitzen und die Speckscheiben darin knusprig braten. Herausnehmen.
Die Leber in dem gewürzten Mehl wenden und im Fett von beiden Seiten je 5 Minuten braten. In einer zweiten Pfanne das restliche Fett erhitzen und die Apfelscheiben darin dünsten.
Aus der Pfanne nehmen und die Zwiebeln im selben Fett glasig schmoren.
Die Leber mit Apfel- und Zwiebelringen bedecken, auf Teller verteilen und mit Speckscheiben belegen. Dazu Kartoffelbrei servieren.

Zürcher Geschnetzeltes

Für 4 Portionen
500 g Kalbsnuss
150 g Champignons
2 Schalotten
40 g Butter
2 El Öl
Salz, Pfeffer
125 ml Sahne
3 El Cognac
Zitronensaft
2 El frisch gehackte Petersilie

Zubereitungszeit ca. 20 Minuten (plus Bratzeit)
Pro Portion ca. 865 kcal/3633 kJ
27 g E · 82 g F · 3 g KH

Die Kalbsnuss waschen, trocken tupfen und in feine Streifen schneiden. Die Pilze putzen, feucht abreiben und in Scheiben schneiden. Die Schalotten schälen und würfeln.
Die Butter in einem Bräter erhitzen, dann das Öl zugeben und erhitzen. Die Schalotten und Pilze darin 1 Minute dünsten. Dann das Geschnetzelte hinzufügen und unter Rühren etwa 4 Minuten garen. Mit Salz und Pfeffer abschmecken.
Die Sahne und den Cognac angießen und einmal aufkochen.
Mit Zitronensaft abschmecken, die Petersilie unterheben.
Zürcher Geschnetzeltes mit Reis servieren.

WASCH-VOLLAUTOMATENPROGRAMM
Bauknecht weiß, was Frauen wünschen

Labskaus

Für 4 Portionen
800 g Pökelfleisch
1 Lorbeerblatt
5 Pfefferkörner
1 kg Kartoffeln
500 g Zwiebeln
etwas Schmalz
4 Matjesfilets
4 Gewürzgurken
500 g eingelegte Rote Bete
4 Spiegeleier
4 Rollmöpse

Zubereitungszeit ca. 30 Minuten (plus Kochzeit)
Pro Portion ca. 883 kcal/3707 kJ
68 g E · 45 g F · 50 g KH

Das Fleisch in einem Topf mit dem Lorbeerblatt und den Pfefferkörnern 1 1/2 Stunden offen weich kochen. Das Fleisch soll anfangs mit Wasser ganz bedeckt sein. Die Kartoffel putzen, bürsten, waschen und kochen, pellen und heiß durch eine Kartoffelpresse drücken.

Die Zwiebeln schälen, grob hacken und in Schmalz glasig dünsten. Pökelfleisch herausnehmen, durch den Fleischwolf drehen, anschließend mit der Kartoffelmasse vermischen. Die Matjes, Gurken und Rote Beten klein schneiden und damit vermischen. Wenn die Masse zu fest ist, etwas von der Pökelbrühe darunter mischen. Labskaus auf Teller verteilen und mit je 1 gebratenem Spiegelei und 1 Rollmops servieren.

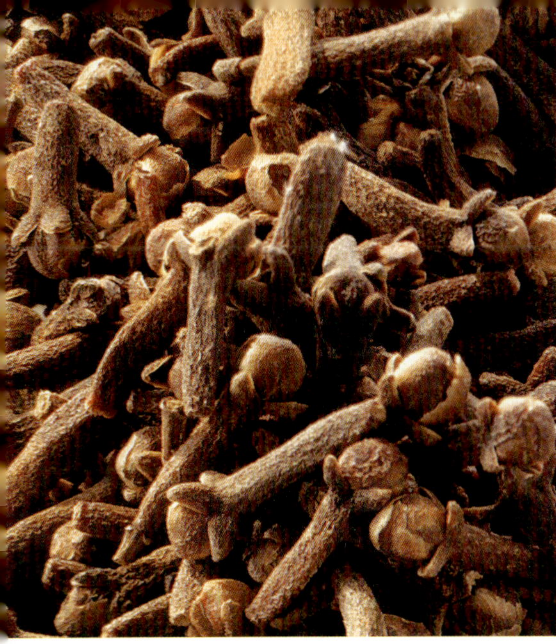

Pfefferpotthast

Für 4 Portionen
600 g Zwiebeln
800 g Rindfleisch
40 g Schweineschmalz
Salz, Pfeffer
750 ml Fleischbrühe
2 Gewürznelken
3 Lorbeerblätter
4 Pfefferkörner
5 Gewürzgurken
2 Scheiben Roggenbrot
oder 2 El Paniermehl
Zucker
Zitronensaft
gehackte Petersilie

Zubereitungszeit ca. 35 Minuten (plus Garzeit)
Pro Portion ca. 545 kcal/2289 kJ
46 g E · 30 g F · 23 g KH

Die Zwiebeln schälen und fein würfeln. Das Fleisch in Würfel schneiden. Das Schmalz in einem Topf erhitzen, Zwiebel- und Fleischwürfel portionsweise darin anbraten. Alles mit Salz und Pfeffer würzen.

Fleischbrühe, Nelken, Lorbeerblätter und Pfefferkörner hinzufügen. Alles etwa 1 1/2 Stunden bei mittlerer Hitze schmoren.

Die Gurken abtropfen, längs in Streifen schneiden, etwas zum Garnieren beiseite legen. Den Rest fein würfeln und zum Fleisch geben.

Das Roggenbrot hineinkrümeln und das Paniermehl darunter rühren. Den Potthast mit Salz, Pfeffer, Zucker und Zitronensaft scharf abschmecken. Mit restlichen Gewürzgurken und etwas Petersilie garniert anrichten. Dazu schmecken Petersilienkartoffen.

Rinderrouladen

Für 4 Portionen
4 Rinderrouladen à 160 g
2 El mittelscharfer Senf
Salz, Pfeffer
4 Scheiben dünn geschnittener Frühstücksspeck
4 kleine Gewürzgurken
1 Zwiebel
1 Möhre
25 g Butterschmalz
1/4 l Rinderbrühe
100 ml Rotwein
2 Lorbeerblätter
1 Zweig Thymian
4 El Crème fraîche
1 El Stärke

Zubereitungszeit
ca. 1 Stunde 30 Minuten
Pro Portion ca. 382 kcal/1604 kJ
39 g E · 18 g F · 9 g KH

Die Rouladen auf die Arbeitsfläche legen und mit Senf bestreichen. Salzen und pfeffern. Auf jede Roulade 1 Scheibe Frühstücksspeck legen. Die Gurken längs in 4 Streifen schneiden und darauf verteilen.

Die Rouladen an den Längsseiten etwas einschlagen und von der kürzeren Seite her fest zusammenrollen. Mit einem Holzspießchen oder einer Rouladennadel feststecken.

Die Zwiebel schälen, die Möhre schälen und waschen. Beides sehr fein würfeln. Butterschmalz in einem kleinen Schmortopf erhitzen. Die Rouladen hineinlegen und von allen Seiten anbraten, bis sie gebräunt sind. Inzwischen die Brühe erhitzen.

Zum Schluss die Gemüsewürfel zu den Rouladen geben und andünsten. Mit dem Rotwein ablöschen und die heiße Brühe hinzufügen. Lorbeerblätter und Thymianzweig hinzugeben und das Ganze bei geringer Hitze etwa 45 Minuten schmoren lassen.

Die Rouladen aus der Sauce nehmen und warm stellen. Lorbeerblätter und Thymianzweig ebenfalls herausnehmen und die Sauce fein pürieren oder durch ein Sieb streichen.

Die Sauce zum Kochen bringen. Crème fraîche mit der Stärke verrühren und in die kochende Sauce einrühren. Die Sauce einmal aufkochen lassen, damit die Stärke bindet. Mit Salz und Pfeffer abschmecken und zusammen mit den Rouladen servieren. Dazu passen Kartoffeln.

Fondue Bourguignonne

Für 6 Portionen
300 g Rinderfilet
300 g Lammfilet
300 g Schweinefilet
300 g Hühnerbrust
1 l Erdnussöl oder
1 kg Kokosfett
Salz, Pfeffer

Für die Kresse-Zitronen-Sauce
6 El Mayonnaise
1 Spritzer Zitronensaft
3 El Kresse, fein gehackt
1 El gewürfelte Zitronenfilets
weißer Pfeffer

Für den Apfelkren
2 Äpfel
Saft von einer 1/2 Zitrone
2 El frisch geriebener
Meerrettich
4 El Weißwein
1 Prise Zucker

Zubereitungszeit ca. 45 Minuten
Pro Portion ca. 396 kcal/1663 kJ
49 g E · 19 g F · 6 g KH

Das Fleisch waschen, trocken tupfen, in 2 cm große Stücke schneiden und auf einem Teller anrichten. Rechaud in die Mitte des Tisches stellen, Öl bzw. Kokosfett im Fonduetopf erhitzen und die Flamme so einstellen, dass das Fett während der gesamten Zeit weitersiedet.
Fleisch auf eine Gabel spießen und ganz nach Geschmack mehr oder weniger lange im Öl garen. Anschließend salzen und pfeffern, in eine der bereitstehenden Saucen tauchen und genießen. Als Beilagen eignen sich bunte Salate, Brot und Kartoffelstifte zum Mitgaren.

Kresse-Zitronen-Sauce
Alle Zutaten gut mischen und mit Kresse garnieren.

Apfelkren
Äpfel waschen, trocknen, schälen und die Kerngehäuse entfernen. Apfel fein reiben und mit Zitronensaft mischen. Anschließend Meerrettich und Weißwein unterrühren und mit Zucker abschmecken.

STAUB

Schweinebraten

Für 4 Portionen
1 kg Schweinefleisch mit Schwarte (aus der Schulter)
Salz
1 Tl Nelken
1 Bund Suppengemüse
1 Zwiebel
1 Lorbeerblatt
4 Pfefferkörner
1 Knoblauchzehe
1 Tl Speisestärke
1 Tl gekörnte Brühe
Pfeffer

Zubereitungszeit ca. 20 Minuten (plus Bratzeit)
Pro Portion ca. 423 kcal/1775 kJ
52 g E · 22 g F · 4 g KH

Den Backofen auf 225 °C (Umluft 200 °C) vorheizen. Das Fleisch mit Salz einreiben. Mit der Schwarte nach unten in die Fettpfanne des Backofens setzen, mit 250 ml heißem Wasser begießen und 15 Minuten braten. Dann wenden und die Schwarte kreuzweise mit einem Messer einschneiden.
Den Braten auf der Oberseite mit Nelken spicken und weitere 50 Minuten braten. Dabei häufig mit dem Bratensaft begießen. Inzwischen das Suppengemüse putzen, waschen und klein schneiden. Die Zwiebel schälen und in Würfel schneiden. Nach 40 Minuten Garzeit Gemüse, Zwiebel, Lorbeerblatt und Pfefferkörner zum Schweinebraten geben. Knoblauch schälen, fein hacken und ebenfalls zum Fleisch geben. Dann das Fleisch mit Salzwasser bestreichen und weitere 15 Minuten garen. Anschließend das Fleisch aus dem Ofen nehmen und warm stellen. Den Bratenfond durch ein Sieb streichen. Die Speisestärke in wenig Wasser anrühren und die Sauce damit andicken. Mit gekörnter Brühe, Salz und Pfeffer abschmecken. Das Fleisch nach 10 Minuten Ruhezeit in Scheiben schneiden. Mit Knödeln und Salat servieren.

Im eigenen Garten wachsen nicht nur schöne Blumen (Gänseblümchen), aus denen man niedliche Kränzchen flechten kann oder (Löwenzahn) deren Samen man in die Luft pustet, sondern auch viele Grundnahrungsmittel. Um davon im Herbst zu profitieren, ist einige Vorarbeit zu investieren. Gern werden wir zum Unkrautjäten, Johannisbeerenpflücken oder Kartoffelnausmachen „eingeladen“. Das macht Spaß. Allerdings nur 10 Minuten lang. Der Rest ist wie eine Strafe.

Schnitzel mit Pommes

Für 4 Portionen
4 Schweineschnitzel
Salz, Pfeffer
4 El Mehl
2 Eier
100 g Paniermehl
3 El Pflanzenöl
2 unbehandelte Zitronen

Zubereitungszeit ca. 20 Minuten (plus Bratzeit)
Pro Portion ca. 362 kcal/1520 kJ
35 g E · 9 g F · 31 g KH

Die Schnitzel unter Frischhaltefolie sehr flach klopfen und mit Salz und Pfeffer würzen.
Mehl, verquirlte Eier und Paniermehl auf drei verschiedene Teller verteilen. Die Schnitzel nacheinander in Mehl, Eiern und Paniermehl wenden.
Das Öl in einer Pfanne erhitzen und die Schnitzel darin von beiden Seiten 4–5 Minuten braten, bis die Panade goldbraun ist.
Zitronen heiß abwaschen und in Scheiben schneiden.
Die Schnitzel mit Zitronenscheiben und Kartoffelecken servieren.

Cordon bleu

Für 4 Portionen
4 Schweineschnitzel
Salz, Pfeffer
4 Scheiben gekochter Schinken
4 Scheiben Emmentaler
4 El Mehl
2 Eier
100 g Paniermehl
3 El Butterschmalz

Zubereitungszeit ca. 20 Minuten (plus Bratzeit)
Pro Portion ca. 400 kcal/1680 kJ
42 g E · 15 g F · 22 g KH

Eine Tasche in die Schnitzel schneiden und mit Salz und Pfeffer würzen.
In jede Schnitzeltasche eine Scheibe Schinken und eine Käsescheibe geben und die Schnitzel gegebenenfalls mit Zahnstochern verschließen.
Mehl, verquirlte Eier und Paniermehl auf drei verschiedene Teller geben und die Schnitzel nacheinander darin wenden.
Das Butterschmalz in einer Pfanne erhitzen und die Schnitzel darin von beiden Seiten etwa 5 Minuten goldbraun braten.
Mit frischem Salat servieren.

Putenschnitzel mit Kroketten

Für 4 Portionen
1 kg Kartoffeln
Salz
2 Eier
1 Msp. Muskatnuss
2 El Mehl
Pfeffer
125 g Paniermehl
Fett zum Frittieren
4 Putenschnitzel
2 El Öl

Zubereitungszeit ca. 20 Minuten (plus Gar-, Brat- und Frittierzeit)
Pro Portion ca. 692 kcal/2906 kJ
43 g E · 29 g F · 62 g KH

Die Kartoffeln in wenig gesalzenem Wasser etwa 20 Minuten garen, abgießen und etwas abkühlen lassen. Die Kartoffeln pellen und durch die Presse in eine Schüssel drücken. Die Eier trennen, die Eigelbe zum Kartoffelpüree geben. Muskatnuss und Mehl dazugeben und mit Salz und Pfeffer abschmecken. Einen festen Teig herstellen. Ist er klebrig, noch etwas Mehl zugeben. Den Teig zu Rollen formen und diese in etwa 4 cm lange Stücke schneiden.

Das Eiweiß auf einem Teller verquirlen. Das Paniermehl auf einen zweiten Teller geben. Die Kroketten nacheinander in Eiweiß und Paniermehl wenden. Das Frittierfett auf 180 °C erhitzen. Die Kroketten portionsweise im Fett goldbraun ausbacken. Auf Küchenkrepp abtropfen lassen.

Die Putenschnitzel waschen, trocken tupfen und flach klopfen. Mit Salz und Pfeffer würzen. Das Öl in einer Pfanne erhitzen und die Schnitzel darin von beiden Seiten etwa 4 Minuten braten. Die Schnitzel mit Kroketten und einem frischen Salat servieren.

Jägerschnitzel

Für 4 Portionen

4 Schweineschnitzel
Salz, Pfeffer
500 g frische Champignons
1 Zwiebel
2 Eier
6 El Mehl
100 g Paniermehl
2 El Butterschmalz
100 ml Gemüsebrühe
100 ml Sahne
2 El frisch gehackte Petersilie

Zubereitungszeit ca. 30 Minuten (plus Schmor- und Bratzeit)
Pro Portion ca. 402 kcal/1688 kJ
38 g E · 16 g F · 24 g KH

Die Schnitzel flach klopfen und mit Salz und Pfeffer würzen.
Die Pilze putzen, feucht abreiben und in Scheiben schneiden.
Die Zwiebel schälen und hacken.
Verquirlte Eier, 4 El Mehl und Paniermehl auf drei verschiedene Teller verteilen. Die Schnitzel nacheinander in Mehl, Eiern und Paniermehl wenden.
Das Butterschmalz in einer Pfanne erhitzen und die Schnitzel von beiden Seiten goldbraun backen. Dann aus der Pfanne nehmen und warm stellen.
Die Zwiebel mit den Pilzen im Bratfett anschmoren und 5 Minuten braten. Das restliche Mehl darüber stäuben und mit der Brühe ablöschen. Die Sauce unter Rühren andicken. Mit Salz, Pfeffer und Sahne abschmecken. Die Schnitzel mit der Pilzsauce und Petersilie bestreut servieren.

Hasenpfeffer

Für 4 Portionen

750 g Hasenfleisch mit Herz
Lunge und Leber
Salz
50 g durchwachsener Speck
2 Zwiebeln
50 g Butter
500 ml Gemüsebrühe
3 Nelken
6 Pfefferkörner
1 Lorbeerblatt
1 El Zucker
1 El Mehl
50 g Honigkuchen
100 g Backobst
3 El Johannisbeergelee
Essig nach Belieben

Zubereitungszeit ca. 30 Minuten (plus Bratzeit)
Pro Portion ca. 493 kcal/2069 kJ
46 g E · 20 g F · 30 g KH

Das Hasenfleisch klein schneiden und rundherum mit Salz einreiben. Den Speck in kleine Würfel schneiden. Die Zwiebeln schälen und fein würfeln. Den Speck in einer Pfanne ohne Fett langsam ausbraten. Herausnehmen und die Zwiebeln im Speckfett glasig dünsten lassen.

Zwiebeln ebenfalls herausnehmen und die Butter darin heiß werden lassen. Das Fleisch hineingeben und kräftig braun anbraten. Die Brühe zugießen und alles einmal aufkochen lassen. Nelken, Pfefferkörner, Lorbeerblatt und Zucker dazugeben und alles so lange schmoren lassen, bis das Fleisch weich ist.

Wenn das Fleisch gar ist, herausnehmen und die Sauce durchseihen. Mit etwas Mehl je nach gewünschter Sämigkeit binden. Den Honigkuchen fein reiben und das Backobst klein hacken. Den geriebenen Honigkuchen und das klein gehackte Backobst mit Speck und Zwiebeln unter die Sauce rühren. Das Johannisbeergelee und 1 Schuss Essig nach Belieben ebenfalls unter die Sauce rühren und alles süß-säuerlich abschmecken. Zum Hasenpfeffer schmecken Salzkartoffeln oder Nudeln und Rotkohl.

Fischstäbchen mit Pommes

Für 4 Portionen
600 g Seelachsfilet
2 Eier
Salz
Pfeffer
50 g Mehl
100 g Paniermehl
1 kg Kartoffeln
1 l Pflanzenfett oder
Öl zum Frittieren

Zubereitungszeit ca. 30 Minuten
(plus Frittierzeit)
Pro Portion ca. 547 kcal/2297 kJ
30 g E · 18 g F · 62 g KH

Das Fischfilet waschen, trocken tupfen und in etwa 3 cm dicke Streifen schneiden. Eier verquirlen, mit Salz und Pfeffer würzen. Eier, Mehl und Paniermehl jeweils auf einen Teller geben. Fischstäbchen nacheinander in Mehl, Eiern und Paniermehl wenden. De Kartoffeln waschen, schälen und mit einem Pommes frites-Schneider in etwa 1 cm dicke Stäbchen schneiden. Mit Küchenpapier abtupfen. Das Frittierfett in einem hohen Topf oder der Fritteuse auf 180 °C erhitzen.
Zuerst die Pommes frites portionsweise im heißen Fett hell vorbacken. Aus dem Fett nehmen und abtropfen lassen. Fett saubern, dann die Fischstäbchen portionsweise goldgelb frittieren. Herausnehmen und abtropfen lassen.
Die Pommes frites kurz vor dem Servieren erneut ins heiße Fett geben und goldbraun backen. Abtropfen lassen und mit Salz bestreut zu den Fischstäbchen servieren.

zur STADT KEMPTEN
NORDSEE FISCHHALLE

Heringsstipp zu Pellkartoffeln

Für 4 Portionen
2 Zwiebeln
60 g Butter
60 g Mehl
650 ml Gemüsebrühe
2 kleine gewässerte Salzheringe
Salz
Essig
2 Essiggurken
150 g Crème fraîche

Zubereitungszeit ca. 20 Minuten (plus Kochzeit)
Pro Portion ca. 285 kcal/1197 kJ
10 g E · 21 g F · 13 g KH

Die Zwiebeln schälen und klein hacken. Das Fett erhitzen und die Zwiebeln darin glasig dünsten. Das Mehl zufügen und unter Rühren goldgelb schwitzen lassen. Die Brühe nach und nach zugießen und alles zu einer glatten Sauce verrühren. Die Sauce 5 Minuten köcheln lassen.

Die Heringe ausnehmen, waschen und abtrocknen. Anschließend entgräten und sehr fein hacken. Die Fischmasse unter die Sauce rühren, Sauce aber nicht mehr kochen lassen.

Alles mit etwas Salz und Essig abschmecken. Die Essiggurken sehr klein hacken und bis auf 1 El mit der Crème fraîche unter die erkaltete Sauce heben. Heringsstipp mit den restlichen Gurkenwürfeln bestreuen und zu Pellkartoffeln servieren.

IGLO
TIEFKÜHLKOST
GEMÜSE
OBST · FISCH · GEFLÜGEL
SOLO FEINFROST
IGLO
TIEFKÜHLKOST
HH·04400

Hühnerfrikassee

Für 4 Portionen

1 Suppenhuhn (ca. 1 kg)
Salz
200 g Kalbfleisch
40 g Butter
40 g Mehl
1/2 l Geflügelbrühe
250 Spargelstücke (Dose)
250 g Champignons (Dose)
1 El Kapern
1 El Kräuterbutter
Zitronensaft nach Bedarf

Zubereitungszeit ca. 30 Minuten (plus Garzeit)
Pro Portion ca. 575 kcal/2415 kJ
43 g E · 41 g F · 10 g KH

Das Huhn in 1,5 l Salzwasser 1 Stunde 30 Minuten kochen. Das Kalbfleisch ebenfalls in Wasser etwa 45 Minuten gar kochen.
Das Huhn aus dem Topf nehmen, häuten und das Fleisch von den Knochen lösen. Hühnerfleisch und gekochtes Kalbfleisch in Würfel schneiden.
Die Butter in einem Topf erhitzen und das Mehl darin anschwitzen. Die Geflügelbrühe angießen, aufkochen lassen und unter Rühren leicht andicken.
Spargel und Pilze in einem Sieb abtropfen lassen. Die Pilze in Scheiben schneiden. Hühner- und Kalbfleisch, Spargel, Champignons und Kapern in die Sauce geben und alles einige Minuten köcheln lassen. Mit Kräuterbutter und Zitronensaft abschmecken.
Hühnerfrikassee mit Reis servieren.

Brathähnchen mit Kartoffel-Gurken-Salat

Für 4 Portionen
1 küchenfertiges Brathuhn (ca. 1,2 kg)
Salz, Pfeffer
3 El Öl
2 El edelsüßes Paprikapulver
1 Tl Currypulver
200 ml Hühnerbrühe
100 g Crème fraîche
Speisestärke
600 g Kartoffeln
1 Salatgurke
5 El Weißweinessig
6 El Sonnenblumenöl
1/2 Bund frischer Dill

Zubereitungszeit ca. 20 Minuten (plus Brat-, Koch- und Ruhezeit)
Pro Portion ca. 620 kcal/2604 kJ
60 g E · 40 g F · 3 g KH

Das Huhn waschen, trocken tupfen und innen und außen mit Salz und Pfeffer einreiben. Den Backofen auf 200 °C (Umluft 180 °C) vorheizen. Die Flügel und Keulen des Huhns mit Küchengarn am Körper festbinden. Das Huhn mit der Brustseite nach unten in einen Bräter legen und im Ofen etwa 30 Minuten braten.
Das Huhn mit der Hälfte des Öls bestreichen. Das Paprika- und Currypulver in die andere Ölhälfte rühren. Das Huhn wenden, die Temperatur auf 180 °C (Umluft 160 °C) herunterschalten und das Huhn mit der Öl-Gewürz-Mischung bestreichen. Weitere 30 Minuten braten.
Das Huhn aus dem Bräter nehmen und 10 Minuten ruhen lassen. Den Bratfond mit der Hühnerbrühe loskochen, durchsieben und die Crème fraîche einrühren. Nach Belieben die Sauce mit Speisestärke andicken. Mit Salz, Pfeffer und Paprika abschmecken und zum Huhn servieren.
Für den Salat die Kartoffeln mit Schale in kochendem Salzwasser garen, abgießen und ausdämpfen lassen. Kartoffeln schälen und in Scheiben schneiden. Abkühlen lassen. Die Salatgurke schälen, in Scheiben hobeln und in einer Schüssel mit Salz bestreuen. Ca. 20 Minuten ziehen lassen, dann das entstandene Wasser abgießen.
Kartoffeln und Gurken in einer Schüssel mischen. Aus Weißweinessig, Sonnenblumenöl, Salz und Pfeffer ein Dressing rühren und den Salat damit übergießen. 30 Minuten durchziehen lassen, abschmecken und mit gehacktem Dill bestreuen.

Darauf freuten sich die Erwachsenen schon wie verrückt: Grünkohlzeit! Wenn die Pflanzen den ersten Frost bekommen hatten war der Geschmack perfekt, dann konnte geerntet und gekocht werden. Das ganze Haus roch nachhaltig herb-säuerlich nach Kohl. Lecker, nichts dagegen, aber hörte die Ernte denn nie auf? Gab es den Kohl denn im Winter täglich, oder kam uns das nur so vor? Schade eigentlich, dass uns manche Dinge „über" waren und deshalb für lange Zeit von der Gabel verschwanden.

Grünkohl mit Pinkel

Für 4 Portionen
2 kg Grünkohl
2 Zwiebeln
75 g Butterschmalz
Salz
Pfeffer
1 Tl Zucker
4 Scheiben durchwachsener Speck
4 Pinkel (Grützwurst)
2 El Hafergrütze

Zubereitungszeit ca. 30 Minuten (plus Schmor- und Garzeit)
Pro Portion ca. 415 kcal/1743 kJ
24 g E · 26 g F · 20 g KH

Die Grünkohlblätter mit der Hand vom Strunk abzupfen und mit viel Wasser gründlich waschen. Abtropfen lassen und klein schneiden. Die harten Rippen entfernen.
Die Zwiebeln schälen und in Würfel schneiden. Das Butterschmalz in einem Topf erhitzen und die Hälfte der Zwiebelwürfel darin andünsten.
Den Kohl hinzufügen und bei geringer Temperatur so lange kochen, bis er zusammengefallen ist. Dann die restlichen Zwiebeln zugeben und alles mit Salz, Pfeffer und Zucker kräftig würzen.
Speck und Pinkel auf den Kohl legen und mit 750 ml Wasser übergießen. Alles im geschlossenen Topf etwa 45 Minuten köcheln lassen.
Pinkel und Speck herausnehmen und die Grütze über den Kohl streuen. Pinkel erneut auf den Kohl legen und alles weitere 30 Minuten köcheln. Vor dem Servieren den Kohl erneut abschmecken.

Spargel mit Zitronen-Hollandaise

Für 4 Portionen
2 kg weißer Spargel
20 g Butter
1 Tl Salz
1 El Zucker
1 El Speisestärke
2 Eigelb
60 g kalte Butter
Saft von 1/2 Zitrone

Zubereitungszeit ca. 35 Minuten (plus Garzeit)
Pro Portion ca. 280 kcal/1176 kJ
10 g E · 21 g F · 13 g KH

Den Spargel schälen, die unteren holzigen Enden abschneiden. Spargelschalen und -enden waschen und in 1,5 l Wasser etwa 30 Minuten köcheln. Die Spargelschalen abgießen. 750 ml des Kochsudes auffangen.

Die Spargelstangen im Spargeldämpftopf in wenig Wasser mit Butter, Salz und Zucker bissfest garen.

Die Speisestärke mit den Eigelben verquirlen und unter Rühren zum Spargelsud geben. In einem Topf bei geringer Temperatur schaumig schlagen, dann aufkochen lassen und vom Herd nehmen.

Die kalte Butter Stück für Stück unter die Sauce rühren, jeweils erst ein Stück auflösen lassen, bevor das nächste eingerührt wird. Die Sauce mit Zitronensaft, Salz und Zucker abschmecken. Spargel aus dem Topf nehmen, abtropfen lassen und mit der Zitronensauce servieren.

Spinat, Püree und Ei

Für 4 Personen
750 g Kartoffeln (mehlig kochend)
3 El Butter
150 ml Milch
Salz, Pfeffer
Muskatnuss
800 g frischer Spinat
1 El Öl
1 Zwiebel
4 Eier

Zubereitungszeit ca. 30 Minuten (plus Garzeit)
Pro Portion ca. 397 kcal/1667 kJ
15 g E · 13 g F · 53 g KH

Die Kartoffeln schälen, kochen, pürieren und die Butter unterziehen. Die Milch erhitzen und unterrühren, bis die Masse cremig wird und mit Salz, Pfeffer und frisch geriebener Muskatnuss würzen. Ein Teil der Milch kann durch Sahne ersetzt werden. Während die Kartoffeln kochen den Spinat abspülen und gut abtropfen lassen. In einem Topf Öl erhitzen, Zwiebel hacken und die Würfel andünsten, bis sie glasig sind. Spinat zufügen und die Blätter zusammenfallen lassen. Mit Pfeffer und Salz würzen. Spinat und Pürree mit Spiegeleiern servieren.

Kartoffelsalat mit Würstchen

Für 4 Portionen
1 kg festkochende Kartoffeln
Salz
2 Eier
2 säuerliche Äpfel
1 El Zitronensaft
1 Zwiebel
6 Gewürzgurken
100 g durchwachsene Speckwürfel
150 g Joghurt
100 g Mayonnaise
6 El Weißweinessig
Pfeffer
1/4 Tl Paprikapulver
4 Würstchen

Zubereitungszeit ca. 1 Stunde
(plus Zeit zum Durchziehen)
Pro Portion ca. 520 kcal/2184 kJ
15 g E · 28 g F · 48 g KH

Die Kartoffeln waschen, putzen und im leicht gesalzenen Wasser garen. Die Kartoffeln auskühlen lassen, pellen und in Scheiben schneiden. Die Eier hart kochen, abschrecken, pellen und in kleine Würfel schneiden.

Inzwischen die Äpfel schälen, das Kerngehäuse entfernen und ebenfalls in kleine Würfel schneiden. Mit dem Zitronensaft beträufeln. Die Zwiebel schälen und fein hacken. Die Gurken ebenfalls in Würfel schneiden. Die Speckwürfel in einer beschichteten Pfanne ohne Zugabe von Fett kross braten.

Den Joghurt mit der Mayonnaise verrühren. Dann den Essig unterrühren und die Salatsauce mit Salz, Pfeffer und Paprika abschmecken.

Die Kartoffelscheiben mit den anderen Salatzutaten vermischen und die Salatsauce untermengen. Den Kartoffelsalat mindestens 2 Stunden im Kühlschrank durchziehen lassen.

Die Würstchen kalt oder warm zum Kartoffelsalat servieren.

Bratkartoffeln

Für 4 Portionen

1 kg festkochende Kartoffeln

Salz

100 g Schinkenspeck

1 Zwiebel

3 El Öl

Pfeffer

2 El frisch gehackter Dill

Zubereitungszeit ca. 20 Minuten (plus Gar- und Bratzeit)
Pro Portion ca. 243 kcal/1020 kJ
10 g E · 4 g F · 37 g KH

Die Kartoffeln waschen und in der Schale in kochendem Salzwasser etwa 20 Minuten garen. Abgießen und etwas ausdämpfen lassen. Dann die Kartoffeln pellen und abkühlen lassen. Anschließend in Scheiben schneiden.
Den Speck in sehr feine Würfel schneiden. Die Zwiebel schälen und fein hacken. Das Öl in einer gusseisernen Pfanne sehr heiß werden lassen und die Kartoffelscheiben hineingeben. Auf der Unterseite bräunen, dann durch Schwenken der Pfanne die Kartoffeln wenden.
Speck und Zwiebel zu den Kartoffeln geben und mitschmoren. Die Kartoffeln goldbraun braten, mit Salz und Pfeffer würzen und mit Dill bestreut servieren.

Reibekuchen

Für 4 Portionen
1 kg Kartoffeln
1 Zwiebel
3 Eier
100 g Mehl
100 g Semmelbrösel
Salz
Schweineschmalz oder Öl
zum Braten

Zubereitungszeit ca. 20 Minuten
(plus Backzeit)
Pro Portion ca. 435 kcal/1827 kJ
16 g E · 7 g F · 74 g KH

Kartoffeln schälen, waschen und auf einer nicht zu feinen Reibe mittelfein reiben. Die geriebenen Kartoffeln in ein Sieb geben und abtropfen lassen, dabei die Flüssigkeit auffangen. Die im Kartoffelwasser abgesetzte Stärke wieder zu den Kartoffeln hinzugeben. Zwiebel schälen, fein reiben, zu den Kartoffeln geben und darunter heben.
Eier mit Mehl, Semmelbröseln und Salz ebenfalls zu den Kartoffeln geben und alles miteinander vermischen, abschmecken.
In einer schweren Pfanne das Schweineschmalz oder Öl erhitzen. Mit einem Esslöffel kleine Teighäufchen in das Fett setzen und flach drücken. Sie sollten ganz dünn sein. Auf beiden Seiten knusprig braun braten, auf Küchenpapier etwas abtropfen lassen. Rievkooche am besten sofort aus der Pfanne essen. Möglichst nicht warm halten damit sie schön knusprig bleiben. Mit Apfelkompott und Schwarzbrot servieren.

Der Inbegriff rheinischer Kochkunst ist eine Mischung aus Kartoffeln und Äpfeln mit oder ohne gebratene Blutwurst (im heimatlichen Dialekt *Blotwoowsch* oder auch *Flöns* genannt). Überhaupt wird in der rheinischen Küche viel gemischt – es heißt, die Küche des Rheinlandes sei genauso mischfreudig wie ihre Bewohner.

Himmel un Ääd

Für 4 Portionen
1 kg mehlige Kartoffeln
Salz
1 Lorbeerblatt
1 kg säuerliche Äpfel
250 ml Apfelsaft
Saft von 1 Zitrone
2 El Zucker
3 Zwiebeln
1 El Öl
250 ml Milch
50 g Butter
Muskatnuss
2 El Paniermehl
200 g Blutwurst in Scheiben
1/2 Bund Petersilie
Fett für die Form

Zubereitungszeit ca. 40 Minuten
(plus Koch- und Backzeit)
Pro Portion ca. 695 kcal/2919 kJ
17 g E · 33 g F · 80 g KH

Kartoffeln schälen, waschen und in Salzwasser mit dem Lorbeerblatt etwa 25 Minuten garen. Inzwischen die Äpfel schälen, vierteln, entkernen und würfeln. Den Apfelsaft mit dem Zitronensaft, Zucker und Apfelwürfeln 10 Minuten köcheln lassen.
Den Backofen auf 200 °C vorheizen. Die Zwiebeln schälen, in Ringe schneiden und in heißem Öl braten. Die Milch mit der Hälfte der Butter erhitzen. Kartoffeln abgießen, Milch hinzufügen und zerstampfen. Mit Salz und Muskat abschmecken.
Restliche Butter zerlassen und das Paniermehl darunter rühren. Kartoffelpüree und Apfelkompott in eine gefettete Auflaufform schichten. Blutwurst darauf legen und Zwiebelringe darüber verteilen. Paniermehlbutter darüber geben.
Alles im vorgeheizten Backofen bei 200 °C etwa 15 Minuten backen. Die Petersilie waschen, trocken schütteln und fein hacken. Himmel un Ääd damit bestreuen.
Alternativ das Apfelkompott mit dem Püree vermischen und mit den Zwiebelringen bestreut servieren. Die Blutwurst in Butter braten und separat reichen.

Dibbelabbes

Für 4 Portionen
1 kg Kartoffeln
2 kleine Zwiebeln
Salz
Pfeffer
1 Ei
3 El Öl

Zubereitungszeit ca. 25 Minuten (plus Bratzeit)
Pro Portion ca. 215 kcal/904 kJ
7 g E · 3 g F · 39 g KH

Die Kartoffeln schälen, waschen und reiben. Die geriebenen Kartoffeln in einem Mulltuch ausdrücken. Die Zwiebeln schälen und ebenfalls reiben.
Zwiebeln mit Salz und Pfeffer sowie dem Ei zu der Kartoffelmasse geben und gut miteinander mischen.
Das Öl in einer großen gusseisernen Pfanne erhitzen und die Kartoffelmasse hineingeben. Unter häufigem Wenden anbraten und mit dem Kochlöffel zerpflücken.
Die Dibbelabbes sollen schön knusprig und goldbraun werden. Sie schmecken mit Salat oder zu gebratener Wurst und Fleisch.

Strammer Max

Für 4 Portionen
4 Scheiben Mischbrot
40 g Margarine
4 Eier
Salz
50 g Butter
200 g Scheiben Knochenschinken
4 Gewürzgurken

Zubereitungszeit ca. 15 Minuten
Pro Portion ca. 373 kcal/1565 kJ
20 g E · 30 g F · 7 g KH

Die Brotscheiben nacheinander im Toaster oder im Backofen goldbraun rösten. Die Margarine in einer Pfanne erhitzen, die Eier aufschlagen und in der heißen Margarine zu Spiegeleiern braten. Das Eiweiß leicht salzen, das Eigelb nicht mit Salz bestreuen.
Die getoasteten Brotscheiben mit der Butter gleichmäßig bestreichen. Die Schinkenscheiben großzügig auf den gebutterten Brotscheiben verteilen.
Jeweils 1 Spiegelei auf eine mit Schinken belegte Brotscheibe legen und anrichten. Die Gurken in Scheiben schneiden und den Strammen Max damit garnieren.

Apfelpfannkuchen

Für 4 Portionen
4 Äpfel
1 El Rosinen
60 g Zucker
Zimt
4 Eier
400 ml Milch
300 g Mehl
Salz
Butter
Zimtzucker

Zubereitungszeit ca. 20 Minuten (plus Backzeit)
Pro Portion ca. 538 kcal/2258 kJ
19 g E · 12 g F · 88 g KH

Die Äpfel schälen und das Kerngehäuse mit einem Apfelausstecher entfernen. Die Äpfel in dünne Scheiben schneiden und mit den Rosinen, dem Zucker und etwas Zimt bestreuen. Abgedeckt etwa 20 Minuten ziehen lassen.
Die Eier trennen. Die Eigelbe mit der Milch verquirlen, das Mehl und 1 Prise Salz dazugeben und alles zu einem glatten Pfannkuchenteig verrühren. Das Eiweiß steif schlagen und locker unter den Teig heben.
Etwas Butter in einer Pfanne erhitzen, etwa 1/4 der Apfelmischung vorsichtig in die Pfanne hineingeben, die Apfelscheiben sollen möglichst heil bleiben. Etwa 1/4 des Pfannkuchenteiges darüber verteilen. Alles bei mittlerer Hitze von beiden Seiten etwa 4 Minuten zu einem goldbraunen Pfannkuchen braten.
Den Pfannkuchen herausnehmen, auf einen Teller gleiten lassen, mit etwas Zimtzucker bestreuen und warm stellen. Die übrige Teigmasse und die gezuckerten Äpfeln nacheinander ebenso verarbeiten. Die Pfannkuchen jeweils nach dem Backen mit Zimtzucker bestreuen und warm servieren.

Naschkatze

Zwiebelkuchen

Für 12 Stücke
200 g Weizenmehl
1 Tl Backpulver
1/2 Tl Salz
150 g Butter
500 g Zwiebeln
125 ml Milch
Salz, Pfeffer
1 El Speisestärke
100 g Schinkenspeck
2 Eigelb
3 El Sahne

Zubereitungszeit ca. 30 Minuten (plus Koch- und Backzeit)
Pro Stück ca. 170 kcal/714 kJ
5 g E · 10 g F · 15 g KH

Mehl und Backpulver miteinander mischen und mit Salz, 3 El Wasser und 100 g Butter mischen. Mit dem Handrührgerät zu einem glatten Teig verkneten. Wenn der Teig noch klebt, für einige Zeit kühl stellen.

Den Backofen auf 225 °C (Umluft 200 °C) vorheizen. Den Teig auf einer bemehlten Arbeitsfläche ausrollen und in eine Springform (28 cm Durchmesser) legen. Am Rand etwa 2 cm hochdrücken, Teigboden mit einer Gabel einstechen. Den Teig im Backofen etwa 20 Minuten goldgelb backen.

Die Zwiebeln schälen und in Ringe schneiden. Die restliche Butter in einem Topf schmelzen und die Zwiebeln darin andünsten. Milch, Salz und Pfeffer zugeben und etwa 10 Minuten köcheln. Speisestärke mit 1 El Wasser verrühren, zu den Zwiebeln geben und aufkochen lassen. Den Schinkenspeck würfeln. Die Eigelbe mit Sahne verquirlen.

Speck, Eigelb-Sahne-Mischung zu den Zwiebeln geben und gut verrühren. Die Zwiebelmischung auf dem vorgebackenen Teigboden verteilen und im Ofen bei 180 °C (Umluft 160 °C) weitere 45 Minuten backen.

1970 war es endlich soweit: Ein altehrwürdiges Bielefelder Nahrungsmittelunternehmen revolutionierte den heimischen Speiseplan und führte mit der Pizza alla Romana die erste Tiefkühlpizza in Deutschland ein. Dominierten in den Anfangsjahren solche Klassiker-Beläge wie Salami oder Schinken, erweiterte sich das Spektrum der Auflagen für die knusprig dünnen Teigböden rasant.

Kochende Mütter kapitulierten auf ganzer Linie, die essende Jugend fühlte sich erlöst von so manch reichhaltigem grünbraungrauem Eintopfgericht.

Salami-Pizza

Für 12 Stücke (1 Blech)
oder 4 runde Pizzen
450 g Mehl Type 405
1 P. Trockenhefe
1 Prise Zucker
Salz
5 El Olivenöl
1/2 l lauwarmes Wasser
1 Zwiebel
1 El Butter
1 kleine Dose geschälte
Tomaten (400 g)
Pfeffer
Oregano
2 kleine Zucchini
1 gelbe Paprika
200 g Champignons
100 g Salami-Scheiben
250 g Mozzarella
100 g Gouda
Mehl zum Ausrollen
Butter für das Blech

Zubereitungszeit
ca. 1 Stunde 30 Minuten
Pro Stück ca. 281 kcal/1180 kJ
12 g E · 12 g F · 29 g KH

Das Mehl in eine Schüssel sieben und eine Mulde hineindrücken. Die Hefe hineingeben. Den Zucker darüberstreuen. 1/2 Tl Salz und Öl an den Rand der Schüssel geben. Das lauwarme Wasser in und um die Mulde gießen. Dann mit den Knethaken eines Handrührgeräts oder einer Küchenmaschine zu einem glatten Teig verarbeiten. Den Teig mit einem Tuch abgedeckt an einem warmen Ort ca. 60 Minuten gehen lassen, bis er sein Volumen fast verdoppelt hat.

Inzwischen die Zwiebel schälen und fein hacken. Die Butter in einem kleinen Topf zerlassen, Zwiebel darin andünsten. Mit dem Tomatensaft ablöschen. Die geschälten Tomaten zerkleinern und ebenfalls dazugeben. Das Ganze mit Salz, Pfeffer und 1 El gerebelter Oregano würzen und einkochen lassen.

Für den Belag das Gemüse waschen. Von der Zucchini den Blüten- und Stielansatz entfernen und die Zucchini in Scheiben schneiden. Die Paprika putzen und in schmale, etwa 3 cm lange Streifen schneiden. Die Champignons mit einem Küchenpapier abreiben und blättrig schneiden. Die Salamischeiben in Streifen schneiden. Mozzarella in dünne Scheiben schneiden. Den Gouda eventuell entrinden und dann reiben.

Den Backofen auf 220 °C vorheizen. Den aufgegangenen Teig auf einer bemehlten Arbeitsfläche kräftig durchkneten. Dann auf einem eingefetteten und bemehlten Backblech dünn ausrollen und vor dem Belegen, mit einem Tuch abgedeckt, etwa 10 Minuten ein zweites Mal gehen lassen.

Die Tomatensauce auf den Pizzateig streichen. Gemüse, Pilze und Salamistreifen gleichmäßig auf der Pizza verteilen. Mit Oregano würzen. Die Mozzarellascheiben auf den Pizzabelag legen und den Gouda darüberstreuen. Die Pizza auf mittlerer Schiene etwa 25 Minuten backen.

Nudelsalat

Für 4 Portionen
200 g kurze Makkaroni
Salz
100 g TK-Erbsen
200 g Fleischwurst
100 g Emmentaler
300 g Mandarinen
(aus der Dose)
100 g Salatmayonnaise
100 g Naturjoghurt
Pfeffer
6 El Gewürzgurkensud
2 El fein gehackte Petersilie

Zubereitungszeit ca. 20 Minuten (plus Garzeit und Zeit zum Durchziehen)
Pro Portion ca. 517 kcal/2171 kJ
23 g E · 2 g F · 53 g KH

Die Nudeln in kochendem Salzwasser nach Packungsanweisung bissfest garen. Die Erbsen 1 Minute vor Ende der Garzeit zu den Nudeln geben und mitkochen. Dann alles in ein Sieb gießen, kurz abschrecken und gut abtropfen lassen.
Die Fleischwurst von der Pelle befreien und in 1 cm große Würfel schneiden. Den Käse ebenfalls in kleine Würfel schneiden. Die Mandarinen gut abtropfen lassen, etwas Saft auffangen.
Die Salatmayonnaise mit dem Joghurt, Salz, Pfeffer, 3 El Mandarinensaft und Gewürzgurkensud verrühren. Die Nudeln, Erbsen, Wurst, den Käse und die Mandarinen mit dem Dressing verrühren und 15 Minuten durchziehen lassen. Dann den Nudelsalat erneut abschmecken. Mit Petersilie bestreut servieren.

Käsespätzle mit Spinatsalat

Für 4 Portionen
400 g Mehl
3 Eier
ca. 250 ml Milch
Salz, 8 El Öl
200 g frisch geriebener Emmentaler
3 Zwiebeln
2 El frisch gehackte Petersilie
1 Kopfsalat
200 g junge Spinatblätter
3 El Essig
Pfeffer
8 Cocktailtomaten

Zubereitungszeit ca. 30 Minuten (plus Ruhe-, Gar- und Bratzeit)
Pro Portion ca. 692 kcal/2906 kJ
32 g E · 28 g F · 76 g KH

Für die Spätzle das Mehl mit den Eiern verrühren. So viel Milch zugeben, dass ein zäher Teig entsteht, der reißend vom Löffel fällt. Salzen und weiterkneten, bis der Teig Blasen wirft. Abgedeckt etwa 10 Minuten ruhen lassen.
In einem großen Topf reichlich Wasser zum Kochen bringen. Den Spätzleteig portionsweise durch die Spätzlepresse ins Wasser drücken und garen, bis die Spätzle an der Oberfläche schwimmen. Spätzle aus dem Wasser nehmen und abtropfen lassen.
2 El Öl in einer Pfanne erhitzen und die Spätzle darin schwenken. Den Käse zugeben und gut verrühren. 2 Zwiebeln schälen und in Ringe schneiden. In 2 El Öl goldbraun braten. Die Käsespätzle mit den Zwiebelringen belegt servieren.
Für den Spinatsalat Kopfsalat und Spinatblätter waschen, trocken schütteln, Salatblätter klein zupfen. Die restliche Zwiebel schälen und hacken. Aus Essig, restlichem Pflanzenöl, Salz und Pfeffer ein Dressing rühren. Die Salatzutaten in einer Schüssel mit dem Dressing überziehen und gut untermischen. Mit den halbierten Cocktailtomaten garnieren.

Maultaschen

Für 4–6 Portionen
400 g Mehl
4 Eier
Salz
1 Brötchen vom Vortag
300 g frischer Spinat
1 Zwiebel
1 El Öl
1 Bund glatte Petersilie
200 g Bratwurstbrät
200 g gemischtes Hackfleisch
1 Eigelb
Pfeffer
Muskatnuss
1 Eiweiß
1,5 l Gemüsebrühe
1/2 Bund Schnittlauch

Zubereitungszeit ca. 30 Minuten (plus Ruhe- und Garzeit)
Pro Portion ca. 521 kcal/2188 kJ
25 g E · 22 g F · 53 g KH

Das Mehl, 3 Eier, 2 El Wasser und 1/2 Tl Salz miteinander mischen und zu einem festen Teig verarbeiten. Den Teig abgedeckt etwa 30 Minuten ruhen lassen.

Für die Füllung das Brötchen in etwas Wasser einweichen. Den Spinat verlesen, putzen und in feine Streifen schneiden. Die Zwiebel schälen und hacken, im heißen Öl andünsten, den Spinat zugeben und 2 Minuten mitschmoren. Die Petersilie waschen, trocken schütteln und hacken.

Den Spinat mit Bratwurstbrät, Hackfleisch, 1 Ei, Eigelb, Petersilie und ausgedrücktem Brötchen vermengen und mit Salz, Pfeffer und Muskat würzen.

Den Maultaschenteig durchkneten und 12 cm breit dünn ausrollen. Die Füllung im Abstand von 4 cm auf die Teigplatte geben. Die Ränder mit verquirltem Eiweiß bestreichen, den Teig zusammenklappen und die Ränder festdrücken. Etwa 4 cm große Teigtaschen ausschneiden.

Die Brühe erhitzen und die Maultaschen darin etwa 15 Minuten köcheln. Den Schnittlauch waschen, trocken schütteln und in Röllchen schneiden. Die Maultaschen in der Brühe mit Schnittlauch bestreut servieren.

07B 07C Film 08A 08B 08C Film 09A 09B
EIS
FILMBURG
07B 07C Film 08A 08B 08C Film 09A 09B

Desserts

Desserts waren in den Jahren des Wiederaufbaus keine Selbstverständlichkeit und eingelegte Früchte oder ein Stück Obst reichten als Abschluss einer Mahlzeit oft aus. Zu besonderen Anlässen gab es Grießbrei mit Kirschen oder auch mal eine kalte Hundeschnauze, den heißgeliebten Kuchen aus Keksen, Palmfett, Kakao und Eiern. Im Sommer erfrischte uns eine Rote Grütze mit und ohne Sago. Milchreis mit Zucker und Zimt sowie Bratäpfel waren regional auch als Hauptgericht beliebt.
Neue Geschmackserlebnisse lieferten dann bald erhältliche Instant-Mischungen: Götterspeise mit Himbeer- oder Waldmeistergeschmack, fertig abgepackt im Becher, ließ Kinderherzen höher schlagen. Verschiedene Puddingarten wurden gerne auch schichtweise kombiniert und mit Obstscheiben sowie Schokoladen- oder Vanillesauce garniert. Zuspruch fand auch Obstsalat – verfeinert mit etwas Eierlikör oder Maraschino und Nüssen. „Eis & Heiß“, also heiße Kirschen auf Vanilleeis, wurde nur zu besonderen Anlässen gereicht.

Milchreis mit Zimt und Zucker

Für 4 Portionen

1 l Milch

1 Prise Salz

100 g Zucker

250 g Milchreis

1 Tl gemahlener Zimt

Zubereitungszeit ca. 25 Minuten
(plus Koch- und Quellzeit)
Pro Portion ca. 345 kcal/1449 kJ
10 g E · 10 g F · 51 g KH

Die Milch mit dem Salz und 75 g Zucker in einen Topf geben und aufkochen. Den Reis einrühren und etwa 30 Minuten quellen lassen.

Den Rest des Zuckers mit dem Zimt mischen und vor dem Servieren den Milchreis damit bestreuen.

Preis 90 Pf 1 sfr. 6 ö.S. 160 L.

Rolf Kauka

Fix und Foxi

zum LESEN und LACHEN • 17. Jahrgang Band 28

PANORAMA
Ist die Erde wirklich rund?

Rote Grütze

Für 4 Portionen
je 125 g Himbeeren, Erdbeeren, rote Johannisbeeren und Kirschen
125 g Zucker
60 g Speisestärke
Minzeblättchen zum Dekorieren

Zubereitungszeit 30 ca. Minuten
(plus Koch- und Kühlzeit)
Pro Portion ca. 234 kcal/983 kJ
2 g E · 1 g F · 53 g KH

Die Himbeeren und Erdbeeren verlesen, putzen und waschen, Johannisbeeren von den Rispen zupfen und ebenfalls waschen. Kirschen waschen und entsteinen. Früchte abtropfen lassen.
In einem Topf die Früchte mit etwa 1 l Wasser und dem Zucker zum Kochen bringen und 2 Minuten köcheln.
Früchte abgießen, den Saft auffangen und in einem Topf erneut aufkochen. Die Speisestärke mit etwas Wasser anrühren und den Fruchtsaft damit andicken. Früchte unterheben und die Grütze bis zum Servieren kalt stellen.
Die Rote Grütze mit Milch oder Vanillesauce servieren.
Mit Minzeblättchen garnieren.

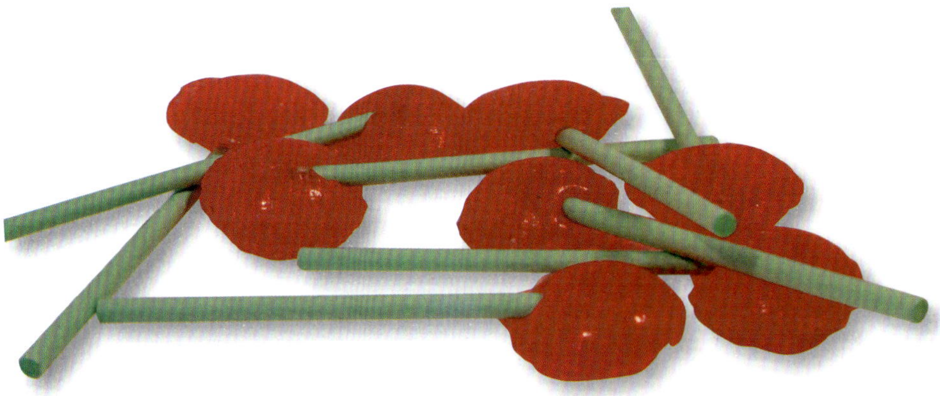

Kalte Schnauze

Zutaten für 12 Stücke

4 Eier
150 g Puderzucker
1 P. Vanillezucker
150 g Schokolade
150 g Kokosfett
750 g Butterkekse

Zubereitungszeit 15 Minuten
(plus Kühlzeit)
Pro Stück ca. 448 kcal/1882 kJ
8 g E · 25 g F · 47 g KH

Die Eier im Wasserbad schaumig rühren. Zucker und Vanillezucker zugeben und weiterschlagen, bis eine dicke Creme entstanden ist.

Die Schokolade reiben und zur Creme geben. Das Kokosfett in einem Topf schmelzen. Die Schokocreme vom Herd nehmen und das Kokosfett nach und nach unterrühren. Glatt rühren.

Eine Kastenform mit Klarsichtfolie auslegen und abwechselnd eine Schicht Butterkekse und eine Schicht Schokoladencreme hineingeben.

Die Form einige Stunden kalt stellen, bis die Creme fest ist. Dann den Kalten Hund stürzen, die Folie abziehen und den Kuchen in Scheiben schneiden.

Grießbrei mit Kirschen

Für 4 Portionen
500 ml Milch
Schale von 1 unbehandelten Zitrone
1 P. Vanillezucker
25 g Zucker
Salz
40 g Grieß
1 Ei
125 g Schattenmorellen (aus dem Glas)
1 Tl Honig
1 Tl Zitronensaft

Zubereitungszeit ca. 15 Minuten (plus Garzeit)
Pro Portion ca. 205 Kcal/860 kJ
8 g E . 6 g F . 25 g KH

Die Milch mit der Zitronenschale, dem Vanillezucker, dem Zucker und 1 Prise Salz zum Kochen bringen. Den Grieß einstreuen und bei schwacher Hitze 5 Minuten quellen lassen.
Das Ei trennen. Eiweiß zu steifem Schnee schlagen, Eigelb mit dem heißen Grießbrei verrühren. Den Eischnee unterheben.
Den Brei auf 4 Portionsschalen verteilen und abkühlen lassen.
Die Schattenmorellen mit Honig und Zitronensaft abschmecken und auf dem Grießbrei anrichten.

Bratäpfel

Für 4 Portionen
4 Äpfel (Boskop)
2 El Rosinen
2 El Rum
3 El gehackte Haselnüsse
1 Prise Zimt
2 El Honig
4 El Puderzucker
Fett für das Blech

Zubereitungszeit ca. 15 Minuten (plus Backzeit)
Pro Portion ca. 128 kcal/538 kJ
1 g E · 5 g F · 17 g KH

Den Backofen auf 220 °C (Umluft 200 °C) vorheizen. Die Äpfel waschen und trocken tupfen. Die Rosinen im Rum einweichen. Das Kerngehäuse der Äpfel vorsichtig ausstechen. Die Äpfel auf ein gefettetes Backblech setzen. Rosinen, Haselnüsse, Zimt und Honig mischen und in die Äpfel füllen. Die Äpfel im Ofen etwa 30 Minuten backen. Mit Puderzucker bestreut servieren.

allen
drin stecken
ecken
soll Freundschaft
Lebe lustig lebe froh,
wie die Maus im
Haferstroh. Denke
zuerst an die ander
dann an dich und
sage nie das kann
ich nicht.
Zum Andenken
Weiden den
3.7.1978

Arme Ritter

Für 4 Portionen
250 ml Milch
1 Tl abgeriebene Schale von
1 unbehandelten Zitrone
3 El Zucker
1 El Zimt
4 Scheiben Weißbrot
vom Vortag
4 Eier
60 g Butter

Zubereitungszeit 15 Minuten
(plus Backzeit)
Pro Portion ca. 263 kcal/1103 kJ
12 g E · 16 g F · 19 g KH

Die Milch mit Zitronenschale, Zucker und Zimt in einem Topf aufkochen und abkühlen lassen.
Die Weißbrotscheiben in die abgekühlte Milch legen und 5 Minuten einweichen.
Die Eier in einem Teller verquirlen. Die Weißbrotscheiben aus der Milch nehmen und im Eischaum wenden.
Die Butter in einer Pfanne schmelzen und die Weißbrotscheiben darin von beiden Seiten goldbraun und knusprig braten. Dazu Fruchtkompott reichen.

Register

Ravioli

Bildnachweis

A. Kauka Archiv, Promedia Inc.: S. 116
Bauknecht Hausgeräte GmbH: S. 54 u., 78 u., 81, 121 und 126 o.
Brandt Zwieback: S. 119 u.
Capri-Sonne: S. 115 o.
Dr. August Oetker Nahrungsmittel KG, Bielefeld: S. 9 re.
Frank Annas: S. 89
Fotolia.com : S. 67 (© Christopher Howey)
Haribo GmbH & Co KG: S. 93 u.
iglo GmbH: S. 10, 11 und 87
Interfoto: S. 1 (2. v. li.), 4/5, 6, 14 li. u. re., 24 u. , 32, 34 li. u re., 39 li., 48 u., 91 o., 96, 100, 105, 112 m., 118 und 125
Karl-May-Verlag, Bamberg: S. 91 u.
Maggi GmbH: S. 127
NORDSEE Holding GmbH: S. 76 u.
picture alliance/dpa: S. 1 (re.), 2, 9 li., 14 m., 16, 19, 20, 22, 26, 28, 30 u., 34 m., 36 u., 41, 45, 51, 53, 59, 60, 63, 64 u., 68, 126 u., 73, 79, 86, 92, 102, 106, 109, 120, 123 (2)

Alle übrigen Fotos: TLC Fotostudio oder Verlagsarchiv

Der Verlag hat sich bemüht, die Rechteinhaber aller Abbildungen korrekt anzugeben und bittet, mögliche Falschangaben zu entschuldigen.

Rezepte
TLC Fotostudio/Sylvia Winnewisser

Texte
Marc Roger Reichel